浙江省矿产资源节约集约利用水平评价指标体系研究

ZHEJIANG SHENG KUANGCHAN ZIYUAN JIEYUE JIYUE LIYONG SHUIPING
PINGJIA ZHIBIAO TIXI YANJIU

孟祥随　向　宇
朱朝晖　林钟扬　荣一萍　著

中国地质大学出版社
ZHONGGUO DIZHI DAXUE CHUBANSHE

图书在版编目(CIP)数据

浙江省矿产资源节约集约利用水平评价指标体系研究/孟祥随等著.—武汉：中国地质大学出版社，2019.9
ISBN 978-7-5625-4643-6

Ⅰ.①浙…
Ⅱ.①孟…
Ⅲ.①矿产资源-资源利用-评价指标-研究-浙江
Ⅳ.①F426.1

中国版本图书馆 CIP 数据核字(2019)第 200561 号

浙江省矿产资源节约集约利用水平 评价指标体系研究		孟祥随　向　宇 朱朝晖　林钟扬　荣一萍	著
责任编辑：阎　娟	选题策划：张瑞生	责任校对：徐蕾蕾	

出版发行：中国地质大学出版社(武汉市洪山区鲁磨路 388 号)	邮政编码：430074
电　　话：(027)67883511	传　真：(027)67883580	E-mail:cbb@cug.edu.cn
经　　销：全国新华书店	http://cugp.cug.edu.cn

开本：787 毫米×960 毫米 1/16	字数：184 千字	印张：9.375
版次：2019 年 9 月第 1 版	印次：2019 年 9 月第 1 次印刷	
印刷：武汉永立得印务有限公司		
ISBN 978-7-5625-4643-6		定价：88.00 元

如有印装质量问题请与印刷厂联系调换

目 录

1 绪 言 ……………………………………………………………… (1)
  1.1 项目来源 …………………………………………………… (1)
  1.2 项目任务 …………………………………………………… (1)
  1.3 项目工作概况 ……………………………………………… (2)
    1.3.1 项目工作开展过程 …………………………………… (2)
    1.3.2 工作量完成情况 ……………………………………… (14)
    1.3.3 主要创新性成果 ……………………………………… (16)

2 研究现状 ………………………………………………………… (17)
  2.1 国外研究现状 ……………………………………………… (17)
  2.2 国内研究现状 ……………………………………………… (18)
  2.3 浙江省研究现状 …………………………………………… (21)
    2.3.1 制度建设方面 ………………………………………… (21)
    2.3.2 研究工作方面 ………………………………………… (22)
    2.3.3 企业技术创新方面 …………………………………… (22)

3 评价指标项的构建 ……………………………………………… (25)
  3.1 矿产资源节约集约概念的厘定 …………………………… (25)
    3.1.1 矿产资源节约利用 …………………………………… (25)
    3.1.2 矿产资源集约利用 …………………………………… (25)
    3.1.3 矿产资源节约集约利用概念厘定 …………………… (26)
  3.2 矿产资源节约集约利用水平评价指标项构建程序 ……… (26)
    3.2.1 评价指标项构建方法 ………………………………… (26)

I

  3.2.2 影响矿产资源节约集约利用的因素 ……………………… (27)
  3.2.3 评价指标项的选取原则 ………………………………… (28)
  3.2.4 指标体系建立的影响因素 ……………………………… (30)
  3.2.5 评价指标的选取 ………………………………………… (30)
 3.3 评价指标项的确立、完善及释义 ……………………………… (31)
  3.3.1 地下开采矿山节约集约利用水平评价指标 …………… (32)
  3.3.2 露天开采矿山节约集约利用水平评价指标 …………… (37)
  3.3.3 县(市、区)矿产资源节约集约利用水平评价指标 …… (41)

4 评价指标项标准值与权重的确立 ……………………………… (45)
 4.1 指标项标准值的分类与算法 …………………………………… (45)
  4.1.1 标准值的分类 …………………………………………… (45)
  4.1.2 指标项计算公式 ………………………………………… (46)
  4.1.3 标准值计算 ……………………………………………… (52)
 4.2 确立指标项权重程序 …………………………………………… (52)
  4.2.1 权重确立方法 …………………………………………… (52)
  4.2.2 权重确立步骤 …………………………………………… (64)
  4.2.3 筛选权重一致性检测 …………………………………… (69)
 4.3 评价指标权重确立 ……………………………………………… (69)
  4.3.1 地下开采矿山节约集约利用水平评价指标权重 ……… (69)
  4.3.2 露天开采矿山节约集约利用水平评价指标权重 ……… (73)
  4.3.3 县(市、区)矿产资源节约集约利用水平评价指标权重 … (77)

5 浙江省矿产资源节约集约利用水平试评估 …………………… (82)
 5.1 浙江省矿产资源基本情况 ……………………………………… (82)
  5.1.1 浙江省矿产资源储量、分布及特点 …………………… (82)
  5.1.2 矿产资源开发利用基本情况 …………………………… (83)
 5.2 地下开采矿山节约集约利用水平试评估 ……………………… (89)
  5.2.1 省内地下开采矿山节约集约利用水平试评估 ………… (89)

5.2.2　省内地下开采矿山评估分析 …………………………………… (89)
　5.3　露天开采矿山节约集约利用水平试评估 ………………………………… (96)
　　5.3.1　省内露天开采矿山节约集约利用水平试评估 ………………… (96)
　　5.3.2　省内露天开采矿山评估分析 …………………………………… (103)
　5.4　县(市、区)矿产资源节约集约利用水平评价的基本准备 …………… (105)
　5.5　省外矿山节约集约利用水平评估分析 …………………………………… (106)
　　5.5.1　省外地下开采矿山 ……………………………………………… (106)
　　5.5.2　省外露天开采矿山 ……………………………………………… (106)
　　5.5.3　省外矿山评估结果分析 ………………………………………… (111)
　5.6　自动评价系统的编制 ……………………………………………………… (112)

6　结　论 …………………………………………………………………………… (116)
　6.1　项目取得的主要成果 ……………………………………………………… (116)
　6.2　存在的主要问题 …………………………………………………………… (117)
　6.3　关于政策建议 ……………………………………………………………… (118)

附录一　地下开采矿山节约集约利用水平评价指标 ………………………… (120)

附录二　露天开采矿山节约集约利用水平评价指标 ………………………… (128)

附录三　县(市、区)矿产资源节约集约利用水平评价指标 ………………… (136)

主要参考文献 ……………………………………………………………………… (140)

1 绪 言

1.1 项目来源

为落实节约资源和保护环境基本国策,加快推进矿产资源领域生态文明建设,浙江省国土资源厅(以下简称"省厅")决定开展矿产资源节约集约利用水平评价指标体系研究,具体工作委托浙江省地质调查院承担,并于2016年1月下达项目任务书(编号:浙土资厅函〔2016〕85号),工作性质为地质科研。

工作项目名称:浙江省矿产资源节约集约利用水平评价指标体系研究
工作项目编码:〔省资〕2016003
工作起止年限:2016—2018年
项目承担单位:浙江省地质调查院

1.2 项目任务

通过矿产资源节约集约利用水平评价指标体系研究,分析制约矿产资源节约集约利用水平提升的因素,找准提升矿产资源节约集约利用水平的突破点,提出矿产资源节约集约利用水平评价指标项,着力提升矿产资源利用能力水平,以矿产资源利用方式转变促进经济发展方式转变,加快推动资源节约型和环境友好型社会建设。

本项目研究将重点开展以下工作:

(1)通过对浙江省矿山企业和选矿企业开展面上调查,对重点企业、县(市、区)开展实地调研,掌握全省矿产资源节约集约利用水平现状,找准存在的主要问题,找出制约利用水平提升的关键因素。

(2)通过分析研究,提出在技术、经济、管理等方面影响矿产资源节约集约利用水平的指标项,分别建立金属矿山、非金属矿山、砂石土矿山、县(市、区)评价指标,形成一整套矿产资源节约集约利用水平评价指标体系。

(3)选择试点矿山企业、选矿企业和试点县(市、区),开展矿产资源节约集约利用水平试评价,总结经验,分析成效,完善评价标准。

(4)提出建立全省矿产资源节约集约利用水平考核和监管机制的政策建议,提出建立矿产资源节约集约利用激励约束机制的思路。

任务变更情况说明:

省厅下达的项目任务书中,原计划建立金属、非金属和县(市、区)3套矿产资源节约集约利用水平评价指标,构成一整套评价体系;在项目设计阶段,结合浙江矿产资源开发利用实际,增加砂石土矿评价指标。2018年初,省厅储量处召开专家讨论会,仔细分析了项目组初步提交的4套评价指标,经认真研究,决定将4套指标合并为3套,即地下开采矿山矿产资源节约集约利用水平评价指标、露天开采矿山矿产资源节约集约利用水平评价指标和县(市、区)矿产资源节约集约利用水平评价指标。

1.3　项目工作概况

1.3.1　项目工作开展过程

本项目以建立科学合理的矿产资源节约集约利用水平评价指标为目的,以科学的评价方法为支撑,坚持调查与研究相结合、宏观与微观相结合、基础性与应用性相结合,在充分收集整理相关资料的基础上,以收集资料—调查调研—综合研究—建立体系—试点评价—完善指标—建立系统为主线,以突出重点、统筹兼顾、科学实用为原则,紧紧围绕当前矿产资源节约集约利用存在的突出问题,开展全面系统的调研、深入细致的研究,力求实现研究成果的科学性和实用性。

在成果表达方式上力求简明扼要,把复杂的技术成果通过"成果表达的通俗化""成果资料的信息化"和"成果利用的简便化"等方式,强化成果的转化应用,为矿政管理相关工作提供技术支撑。

矿产资源节约集约利用水平评价体系主要由评价因子体系、构建体系、因子赋值、评价分值测算等构成,从而能够对矿山企业的节约集约利用水平进行定量化的计算,得出评价结果,达到研究目的。项目具体的工作开展主要流程如图1-1所示。

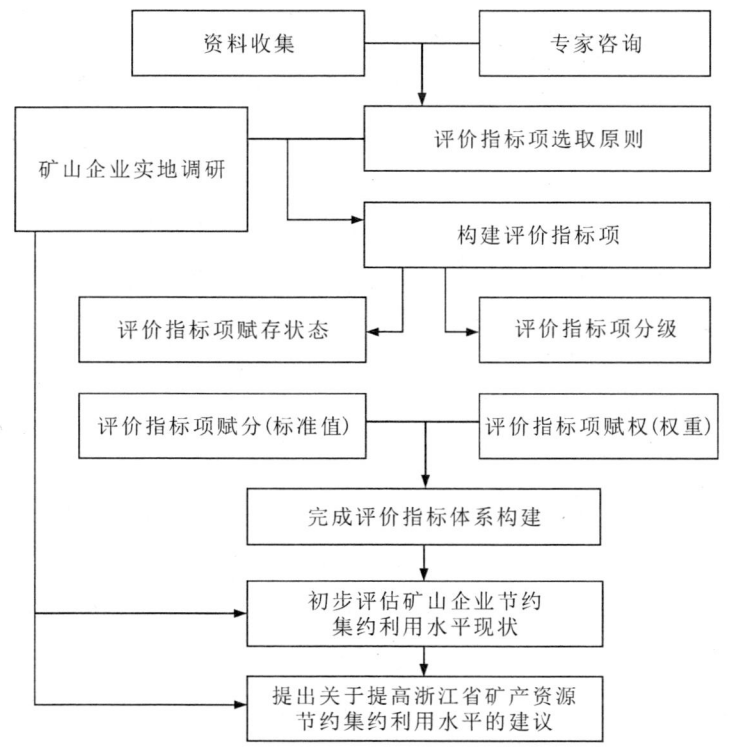

图1-1 项目工作开展流程图

项目工作开展的主要过程如下。

1)资料收集阶段

通过全面收集国内外矿产资源节约集约利用的相关政策法规、规范性文件以及学术文献,结合国土资源节约集约模范县(市)、绿色矿山建设具体实例,充分掌握构建矿产资源节约集约评价体系相关的技术方法,在借鉴吸收国外经验和相关研究领域内权威观点的同时,分析制约矿产资源节约集约利用水平的因素,确立节约集约利用水平评价因子,比较分析并初步选取矿产资源节约集约利用水平评价的指标。

2)制定调研表格

项目组通过查阅相关文件及文献,充分吸收前人研究经验,在召开专家讨论会和实地矿山考察的基础上,制作并完善了实地调查表格。调研表用于项目组实地调研矿山企业,为获取有用、全面的信息提供了保障。表格共分为两套:一套用于金属/非金属矿山调研,另一套用于砂石土矿山调研。

3)开展调查调研

(1)发放厅函。

本项目共组织开展4个批次的矿山企业实地调研,每批次调研不同类型的矿山企业数家至数十家不等。在每次调研之前,都通过省厅储量处发放调研函,提前将调研函发放到相关国土局和矿山企业,告知调查内容、调查方式、需要矿山企业提供的资料等,给相关矿山企业足够的时间准备,保证了每次调研的有序、高效开展。

(2)实地调研。

项目组通过公示系统,收集2016年、2017年年度矿山企业开发利用信息,通过分析,确立实地调研的矿山和企业的名单(表1-1)。项目每次实地矿山企业调研除了项目组成员以外,还邀请省内外从事矿产研究的相关专家一同前往,最高限度保证实地调研的科学性和有效性。

表1-1 实地调研矿山企业列表

序号	矿山名称	矿种	地点
1	常山县宋畈方夏家石灰石厂	水泥配料用石灰岩	常山县
2	常山南方水泥有限公司辉埠石灰岩矿	水泥配料用石灰岩	常山县
3	常山南方水泥有限公司页岩矿	页岩矿	常山县
4	常山县大桥头方新村页岩矿	砖瓦用页岩	常山县
5	常山县芸村镇金马蜡石矿	叶腊石	常山县
6	常山县新昌乡岩前萤石矿	萤石(普通)	常山县
7	浙江兰溪金昌矿业柏乡岭坑山萤石矿	萤石(普通)	金华市
8	绍兴平铜(集团)有限公司绍兴铜都矿业有限公司	铜矿	绍兴市
9	浙江省佳和矿业集团有限公司龙泉铅锌矿	铅锌矿	龙泉市

续表 1-1

序号	矿山名称	矿种	地点
10	龙泉市查田镇东皇铁矿	铁矿	龙泉市
11	浙江省遂昌县湖山萤石矿	萤石	遂昌县
12	遂昌县湖山香炉岗萤石矿	萤石	遂昌县
13	浙江省遂昌县柘岱口乡横坑坪萤石矿	萤石（普通）	遂昌县
14	浙江省遂昌金矿有限公司	金矿	遂昌县
15	遂昌凯圣矿业开发有限公司遂昌县湖山白坛下萤石矿	萤石	遂昌县
16	杭州富阳金鑫矿业有限公司铜山铅锌矿	铅矿、锌矿、银矿、铜矿	杭州市富阳区
17	杭州建铜集团有限公司建德铜矿	铜矿	建德市
18	青田周村雕刻石有限公司叶腊石矿	叶腊石矿	青田县
19	青田丰门蜡石有限公司叶腊石矿	叶腊石矿	青田县
20	青田县新兴铅锌有限公司孙坑洪岩头铅锌矿	铅锌矿	青田县
21	青田隆泰钼业有限公司	钼矿	青田县
22	建德市大岩山矿业有限公司大理岩矿	方解石矿	建德市
23	淳安县千富矿业有限公司黄岩坞铅锌矿	锌矿	淳安县
24	浙江松阳明石矿业有限公司峰洞岩、大樟源高岭土矿	高岭土	松阳县
25	龙游县东山矿业有限公司	硫、锌矿	龙游县
26	浙江巨化化工矿业有限公司灵山矿区	硫、铜、铅锌	龙游县
27	龙游县庙下马坞铜矿	铜矿	龙游县
28	巨化集团建德矿业有限公司码头石灰岩矿区燕山矿段	水泥用石灰岩	建德市
29	建德海螺水泥有限责任公司洞山石灰石矿	水泥用石灰岩	建德市
30	建德市乾潭芦茨萤石矿	萤石	建德市
31	青田横坑钼业有限公司	钼矿	青田县
32	浙江省青田县石平川钼矿集中开采区乌岩尖矿段钼矿	钼矿	青田县
33	青田县石平川钼矿区横坑口块段钼矿	钼矿	青田县

续表 1-1

序号	矿山名称	矿种	地点
34	浙江鑫鸿钼业有限公司	钼矿	青田县
35	浙江省联众矿业有限公司青田县黄垟乡85号西块段钼矿	钼矿	青田县
36	浙江诸暨七湾矿业有限公司铅锌矿	铅锌矿	诸暨市
37	浙江省松阳金山矿业有限公司板桥铜矿	铜矿	松阳县
38	松阳天工钼业有限公司象溪镇鲁峰钼矿	钼矿	松阳县
39	富阳板壁山脱硫用石灰岩矿	溶剂用石灰岩	杭州市富阳区
40	杭州富阳宏升建材有限公司江洲村砂岩矿	砂岩	杭州市富阳区
41	淳安县威坪镇黄石潭村饰面花岗岩矿	饰面花岗岩	淳安县
42	湖州市杨家埠镇茅柴园村戚家山矿区	建筑石料用灰岩	湖州市吴兴区
43	湖州市菱湖东林镇平山矿区	建筑石料用灰岩	湖州市吴兴区
44	湖州新开元碎石有限公司（建筑石料矿）	建筑石料安山岩	湖州市吴兴区
45	湖州市吴兴区妙西镇龙泉坞建筑用砂岩矿	建筑用砂岩	湖州市吴兴区
46	湖州里鱼山矿业有限公司吴兴区妙西镇大山顶矿区	建筑用花岗岩	湖州市吴兴区
47	湖州市吴兴区道场乡驼山坞建筑用石料(凝灰岩)矿	建筑用凝灰岩	湖州市吴兴区
48	长兴县和平镇和平村油山建筑用石料(凝灰岩)矿	建筑用凝灰岩	湖州市长兴县
49	湖州市杨家埠街道杨庄村妙云山建筑用石料(凝灰岩)矿	建筑用凝灰岩	湖州市吴兴区
50	浙江省台州市黄岩区高桥街道邬家岙村建筑用石料(凝灰岩)矿	建筑用凝灰岩	台州市黄岩区
51	台州市黄岩区沙埠镇栅溪建筑用石料(凝灰岩)矿	建筑用凝灰岩	台州市黄岩区
52	宁波市北仑区春晓镇干岙茅洋山建筑用石料(宕渣)矿	建筑用凝灰岩	宁波市北仑区
53	宁波市鄞州区鄞江镇梅园村扇子洋普通建筑石料矿	建筑用凝灰岩	宁波市鄞州区
54	宁波市鄞州区高桥镇岐湖村集中开采区建筑用石料矿	建筑用凝灰岩	宁波市鄞州区
55	浙江省宁波市鄞州区高桥镇岐湖村双岙建筑用石料(凝灰岩)矿	建筑用凝灰岩	宁波市鄞州区

续表 1-1

序号	矿山名称	矿种	地点
56	浙江省宁波市北仑区白峰镇郭巨长坑整合矿区建筑用石料矿	建筑用凝灰岩	宁波市北仑区
57	浙江省宁波市鄞州区瞻岐镇合一村凤凰山矿区建筑用石料（凝灰岩）矿	建筑用凝灰岩	宁波市鄞州区
58	宁波市鄞州区塘溪镇塘头村兰花山普通建筑石料矿	建筑用凝灰岩	宁波市鄞州区
59	温州市龙湾区瑶溪镇底岭下建筑石料整合矿	建筑用凝灰岩	温州市龙湾区
60	舟山金塘北部开发建设项目围涂工程定海区金塘沥平社区鱼龙山建筑用石料（宕碴）矿	建筑用凝灰岩	舟山市定海区
61	台州市路桥飞龙湖生态区民主小山头生态环境综合整治工程	建筑用凝灰岩	台州市路桥区
62	台州市路桥区南官大道南延工程（BK0＋440—BK0＋650）螺洋街道南山村建筑用石料（花岗岩）矿	建筑用凝灰岩	台州市路桥区
63	浙江省台州湾大桥及接线工程三门建筑用石料（凝灰岩）矿	建筑用凝灰岩	台州市三门县
64	安吉南方水泥有限公司高禹石矿	石灰石矿	吉安县
65	浙江新明华特种水泥有限公司杨家山石灰石矿	石灰石矿	长兴县
66	湖州南方矿业有限公司大煤山石灰石矿	石灰石矿	湖州市
67	富阳市坞口东夹岭石矿	石灰石矿	杭州市富阳区
68	杭州富阳钱潮建材有限公司里坞水泥用石灰岩矿	石灰石矿	杭州市富阳区
69	杭州山亚南方水泥有限公司大同石灰岩矿	石灰石矿	杭州市富阳区
70	建德红狮水泥有限公司童家石灰石矿	石灰石矿	建德市
71	建德市三狮矿业有限公司安溪坪石灰岩矿	石灰石矿	建德市
72	巨化集团建德矿业有限公司石马头石灰岩矿区燕山矿段	石灰石矿	建德市
73	桐庐红狮水泥有限公司高山石灰石矿	石灰石矿	桐庐县
74	桐庐南方水泥有限公司阆苑石灰岩矿	石灰石矿	桐庐县

续表 1-1

序号	矿山名称	矿种	地点
75	长兴锦龙矿业有限公司凉帽山石灰岩矿	石灰石矿	长兴县
76	长兴县白岘乡访贤村千井湾水泥用石灰岩矿	石灰石矿	长兴县
77	长兴县李家巷镇青草坞村龙井山水泥用灰岩矿	石灰石矿	长兴县
78	长兴县李家巷镇石泉村石岩山水泥用石灰岩矿	石灰石矿	长兴县
79	长兴县煤山镇五通村船茅岕水泥用石灰岩矿	石灰石矿	长兴县
80	长兴县煤山镇五通村老虎塘水泥用石灰岩矿	石灰石矿	长兴县
81	湖州南方矿业有限公司狮子山石灰石矿	石灰石矿	湖州市
82	上海长兴石灰石矿	石灰石矿	长兴县
83	湖州南方矿业有限公司小石山石灰石矿	石灰石矿	湖州市
84	浙江长广(集团)有限责任公司长广水泥分公司(葡萄山矿)	石灰石矿	长兴县
85	建德市新安江萤石矿	萤石矿	建德市
86	富阳市湖源乡塔坞村萤石矿	萤石矿	杭州市富阳区
87	临安市新桥刘余萤石矿	萤石矿	杭州市临安区
88	诸暨市璜山镇寺下萤石矿	萤石矿	诸暨市
89	诸暨市新民硴石矿	萤石矿	诸暨市
90	嵊州市福源矿业有限公司三溪萤石矿	萤石矿	嵊州市
91	浙江省东阳市矿业有限责任公司忠信堂萤石矿	萤石矿	东阳市
92	浙江省东阳市矿业有限责任公司佐村萤石矿	萤石矿	东阳市
93	开化县张湾乡潭头村鸡公岩萤石矿	萤石矿	开化县
94	仙居县步路乡下垓萤石矿	萤石矿	仙居县
95	仙居县华莹矿业有限公司羊平鸟萤石矿	萤石矿	仙居县
96	云和县华鑫矿业有限公司柿树坳萤石矿	萤石矿	云和县
97	缙云县兴华莹石矿业有限公司庙下萤石矿	萤石矿	缙云县
98	浙江省缙云县七里乡龙脚萤石矿	萤石矿	缙云县

续表 1−1

序号	矿山名称	矿种	地点
99	浙江省遂昌县三仁乡坑口萤石矿	萤石矿	遂昌县
100	遂昌德氟矿业有限公司内久尖萤石矿	萤石矿	遂昌县
101	浙江省遂昌县云峰镇处坞萤石矿	萤石矿	遂昌县
102	仙居县杰萤矿业有限公司	萤石矿	仙居县
103	龙泉市硼矿有限责任公司	萤石矿	龙泉市
104	新疆阿舍勒铜业股份有限公司新疆阿舍勒铜矿	铜矿	新疆富蕴县
105	广西桂华成有限责任公司珊瑚矿	珊瑚矿	广西钟山县
106	靖西县锰矿有限责任公司	锰矿	广西靖西县
107	江西铜业股份有限公司武山铜矿	铜矿	江西瑞昌市
108	通化钢铁集团板石矿业有限责任公司井下矿	铁矿	吉林白山市
109	凉山矿业股份有限公司四川省拉拉铜矿	铜矿	四川会理县
110	攀钢集团攀枝花新白马矿业有限责任公司白马铁矿	铁矿	四川米易县
111	新疆白银矿业开发有限公司新疆富蕴县索尔库都克铜矿	铜矿	新疆富蕴县
112	新疆哈密市土屋铜矿	铜矿	新疆哈密市
113	中信大锰矿业有限责任公司天等锰矿	锰矿	广西平果市

本项目的 4 次实地调研具体情况如下：2017 年 7 月中旬，对龙泉市、遂昌县、兰溪市以及绍兴市的萤石矿和铁矿进行实地调研。2017 年 11 月下旬，对富阳区、建德市、诸暨市、淳安县、青田县、松阳县、龙游县的金属、非金属矿进行实地调研。2018 年 4 月，对湖州市、宁波市、舟山市以及温州市的砂石土矿进行实地调研。2018 年 5 月，对建德市、桐庐市、常山县、衢州市、丽水市等地的萤石矿和石灰石矿进行实地调研。

2016 年至 2018 年，项目组总共调研矿山企业 113 家。其中，浙江省矿山企业共 103 家，浙江省以外的矿山企业共 10 家。调研省外矿山的目的是为了检验评价标准的普适性和可推广性。这113家矿山企业的基本信息如表1-1所示。

调研流程:项目组成员和专家到达矿山企业之后,邀请了技术人员和管理人员召开座谈会,了解矿山的基本情况,核对矿山企业所填写的调查表和相关资料,同时对调查表上没有的问题进行沟通。座谈会上,项目组了解和核实的内容包括:矿山基本信息及历史沿革、矿山开采(选)和矿石加工信息、矿山管理信息、矿山经济信息等。在座谈会之后,请矿山相关工作人员带领去采矿(选矿)现场、矿山调度室、加工车间、污水处理池等矿山重要生产环节进行实地观察、拍照,并对这些环节的基本情况进行必要了解(图1-2~图1-11)。

图1-2 绍兴市漓渚铁矿座谈会

图1-3 宁波市恒顺交通有限公司座谈会

图1-4 兰溪市岭坑山萤石矿座谈会

图1-5 遂昌县白坛下萤石矿座谈会

■ 1 绪 言

图1-6 建德市大岩山矿业有限公司采矿场　　图1-7 宁波市国鼎矿业有限公司采矿场

图1-8 湖州市新开元碎石有限公司　　　　　图1-9 建德市建德铜矿沉淀池
　　　　加工车间

图1-10 舟山市柏塘山普通建筑石料矿　　　图1-11 松阳县天工钼业有限公司鲁峰
　　　　复绿边坡　　　　　　　　　　　　　　　　钼矿废石场

4)指标项初步建立阶段

在前期文献资料收集、消化的基础上,参考相关技术标准、技术规范以及浙江省有关矿产开发利用、绿色矿山建设等方面的文件,根据前期实地调研了解到的信息,对于各矿山企业,从影响矿产资源节约集约利用水平的有关因素入手,经过多次修改与完善,将评价指标体系分为 3 个层次。第一层是目标层,也就是评价指标体系。在目标层之下,划分若干个系统层。在每个系统层之下再细分若干个指标项。指标项是系统层的进一步细化,其目的是遴选最重要、最核心并且可以量化的影响因子。3 个层次共同构成完整的评价指标体系。根据任务书要求,初步建立了金属矿山、非金属矿山、砂石土矿山和县(市、区)矿产资源节约集约利用水平评价指标项,分析了每个指标项的代表性、合理性和可获取性。

5)指标体系的修改优化

在初步建立了矿产资源节约集约利用水平评价指标体系之后,邀请省内外专家开展讨论会,进一步研讨指标项的科学性、必要性与可行性。项目组从 2016 年至 2018 年总共开展了 8 次专家讨论会。此外,还通过函件、即时通信工具等方式,与省内外专家多次进行交流和讨论。专家讨论会的目的是集思广益,吸取经验,为评价指标体系的科学性提供强有力的智力保障(图 1-12~图 1-15)。

经过多次内部商讨和专家会讨论,在不改变评价指标体系结构的情况下,项目组进一步对评价指标体系进行细化和完善,最后将矿山企业的 3 套评价

图 1-12　2016 年专家讨论会
(讨论项目总体规划及实施方法)

图 1-13　2017 年郑州专家讨论会
(讨论项目情况及后续任务安排)

图 1-14　2018 年专家讨论会　　　　图 1-15　部分信函讨论
（讨论项目进展情况及评价指标项）　（部分专家来信,为本项目提出宝贵建议）

指标项合并为两套:地下开采矿山节约集约利用水平评价指标(附录一)和露天开采矿山节约集约利用水平评价指标(附录二)。在目标层之下,划分 5 个系统层,分别是:规范开采、矿产资源利用、循环利用、科技水平、经济社会效益。对每个系统层之下的指标项有所精简和调整。

将县(市、区)节约集约利用水平评价指标体系也作了适当修改:系统层分为区域矿山综合情况、规划布局、开采秩序以及生态环境保护等 4 个。系统层下辖的指标项也有所变动(附录三)。

6)确立评价指标项的标准值和权重

(1)标准值的确立。

指标项的标准值主要分 3 类:第一类是考察规范开采或执法情况的。如果能完全符合相关标准,则得分;有一个指标不符合,则扣分。第二类是经过评审的设计值或是国家行业标准的标准值。此类指标计算实际数值与设计值(或标准值)的偏离度,一般情况控制在 30% 以内则视为符合要求,超过 30% 则予以扣分。第三类是既没有设计值也没有国家行业标准值的。一般采取将该指标与全省同一指标的平均值作比较。低于全省平均值的予以减分(或加分),高于全省平均值的予以加分(或减分)。

(2)指标项权重的确立。

本次研究运用层次分析法(AHP 法)和德尔菲法(Delphi 法)相结合的办法对矿产资源节约集约利用水平进行全面评价来确定各指标权重。

2017年底,项目组以电子邮件方式,请10余位专家为指标项权重打分,并确立了初步的指标项权重。

2018年,省厅储量处向40名省内外专家发放权重打分调研函,广泛征求意见,比较3套评价指标体系的指标项间重要性,从而最终确定了各指标项的权重。

7)矿山企业试点评估

2018年初,项目组根据已建立的评价指标体系,对10个实地调研矿山进行了初步评估,发现指标体系能够较好地反映矿山节约集约利用水平,与项目组实地调研的情况基本吻合。

8)矿山企业再评估

本项目凭借这3套评价指标体系来对矿山企业或县市区的矿产节约集约利用水平进行评价,衡量开发利用效率和节约集约利用水平的高低,判别资源利用的合理性,为建立矿产资源节约集约利用水平评价指标体系提供依据。

利用修正过的评价指标体系,项目组对已调研的一百余家矿山进行了矿产节约集约利用水平评估,并得出了评估结果,为提高浙江省矿产资源节约集约利用水平提出建议,为建立全省矿产资源节约集约利用水平考核和监管机制以及矿产资源节约集约利用激励约束机制打下了良好的基础。

1.3.2 工作量完成情况

本项目自实施以来,项目工作进展总体顺利。但受G20峰会影响以及近几年环保工作的大力度推进,省内许多矿山陆续停产或关闭,项目的调研工作也受到一些影响。项目累计完成工作量包括收集成果报告、相关政策法规、规范性文件以及学术论文等相关资料共计570份。2016年至2018年,累计完成113家矿山企业调研;实地调研模范县10个;实地调研国内矿产资源节约集约利用典型模范企业10家;建立了地下开采矿山节约集约利用水平评价指标、露天开采矿山节约集约利用水平评价指标以及县(市、区)矿产资源节约集约利用水平评价指标等3套评价标准。此外,项目组还研发编程系统1套,初步实现矿山节约集约利用水平的自动评估。完成实物工作量见表1-2。

1 绪 言

表 1－2　项目总实物工作量表

工作内容	计量单位	工作量						备注
		设计总工作量	2016年完成工作量	2017年完成工作量	2018年完成工作量	累计完成工作量	累计完成比例(%)	
(一)资料搜集与整理	份	450	480	50	40	570	127	含科技论文
(二)矿山矿企调研	个	80	20	40	43	103	128	2017年7月和11月、2018年4月和5月由省厅下发调函
(三)典型县市区企业调研	个	10	1	5	4	10	100	
(四)国内典型模范矿山企业调研	个	10	2	6	2	10	100	该部分工作由外协单位郑州矿产综合利用研究所完成
(五)技术研讨会、咨询会	次	6	2	2	4	8	133	2016年12月召开院专家讨论会。2017年9月,郑州矿产综合利用研究所专家来杭州,10月项目组前往郑州调研。2018年8月和9月,召开3次研讨会。其余均为信函交流讨论
(六)评价体系(系统)建立	套	3	0	2	1	3	100	原完成4套评价指标,后精简为3套
(七)编程系统	套	1	0	0	1	1	100	按照3套评价标准,编制数据系统,尝试矿山企业节约集约利用水平自动化评估

1.3.3 主要创新性成果

项目实施自 2016 年至 2018 年,项目组秉承严谨科学、求真务实的工作态度,在省厅领导及省内外专家的关怀和帮助下,基本建立了较为完善的矿产资源节约集约利用水平评价指标体系。项目创新性成果简述如下:

第一,完成了矿产资源节约集约利用水平评价的方法体系构建。

(1)探索出一套适用于浙江省的矿产节约集约利用水平实地调研工作方法,并制定了两套不同的调研表格,分别用于金属/非金属和砂石土矿山调研。

(2)建立了 3 套完善的矿产资源节约集约利用水平评价指标体系,包括:地下开采矿山矿产资源节约集约利用水平评价指标体系,露天开采矿山矿产资源节约集约利用水平评价指标体系,县(市、区)矿产资源节约集约利用水平评价指标体系。

(3)确立了一套完整、精确、科学的矿产资源节约集约利用水平评价方法。通过这套方法,能够较为准确地评估矿山企业或县(市、区)矿产资源节约集约利用水平现状。

第二,初步建立了矿产资源节约集约利用水平自动评价系统。

项目组根据建立的 3 套矿产资源节约集约利用水平评价体系,通过计算机编程,研发了一套数据系统。该系统可以在只录入必要的矿山原始数据的情况下,自动计算出该矿山的节约集约利用水平分值,初步实现了矿产资源节约集约利用水平自动化评价。

2 研究现状

多年来,国内外学术界专门针对资源节约集约利用水平指标体系的研究很少,多是一些零星的、框架式的探讨,没有独立翔实的研究,主要是把矿产资源节约集约利用水平的评价作为一小部分纳入到节约型社会、可持续开发利用及环境保护等指标体系下来进行研究。

2.1 国外研究现状

国外至今没有专门针对资源节约集约利用水平评价指标方面的研究,大多数有关资源节约集约利用水平评价指标都出现在可持续发展的研究文献中,国外关于可持续发展指标的学术文献和政策文件非常多,几乎发展成为"一个产业",因此回顾国外可持续发展指标的相关研究对于我们掌握国外资源节约集约利用水平评价指标的研究进展具有重要的意义。

国外一些学者已经提出了各种类型的非货币指标来测度环境状况与功能、资源流动或社会活动的可持续发展程度。1997年后,出现了一批整合的可持续发展框架,如全球报告倡议组织(Global Reporting Initiative,GRI),联合国可持续发展委员会(Commission on Sustainable Development,CSD),英国化学工程师协会(Institution of Chemical Engineers,IChemE)的可持续规范,伍珀塔尔可持续发展指标。GRI是一个关注社会、经济、环境3个主要领域的多层次框架,这个框架共有100多个指标。然而不是所有的指标都容易测量,况且不存在一个统一的原则对指标进行取舍。CSD构建了一个可持续指标框架用来衡量政府在可持续发展目标方面的成效。这个层次框架的指标有38组和15个主题,依可持续发展的4个方面——社会、环境、经济、制度来分类。

这个框架与GRI的区别在于它考虑了可持续发展制度方面的因素。IChemE于2002年发布了一份可持续发展指标用来测量生产过程的可持续发展能力。IChemE 提供了一套标准的报告形式和换算表格,这一框架比前两个框架简单且是效果导向的,然而,这个框架过多偏重环境指标和难以度量的计量指标。伍珀塔尔组织不但提出了四维度的可持续发展指标,还提出了这4个维度交互的指标,这些指标在宏观和微观层面都有实用价值。

总体上来看,目前国外相关研究只是把矿产资源节约集约利用水平评价作为一个组成部分融入到其他评价体系中。而其他体系,如资源节约型社会评价体系、节约型城市评价体系、环境友好型评价体系等,侧重点在于社会经济与环境的可协调发展,可持续发展体系则侧重于社会经济和社区建设发展,单独针对资源利用水平的评价体系还没有。但是其他研究体系构建的方法、原则对于本研究具有很大的借鉴意义。

2.2 国内研究现状

进入新千年以后,伴随着新型工业化、信息化、城镇化、农业现代化快速推进,在消耗大量矿产资源的同时,也产生了资源约束趋紧、环境污染严重、生态系统退化等问题,影响了经济社会的可持续发展,矿产资源的节约集约利用逐步成为政府和社会关注的热点。党的十八大提出了节约资源和保护环境的基本国策,确立了节约优先、保护优先、自然恢复为主的基本方针。

学术理论上的研究在过去20多年的时间里,也取得了一些成果。

一部分学者仿照国外惯例,系统研究资源、环境与社会经济,将矿产资源研究纳入社会系统之中。这类研究成果有:汤万金等(1999)是国内较早将矿山纳入 REES 系统(资源、环境、经济与社会)作为研究的人员,并依此建立了矿区可持续发展评价指标体系和评价方法。张向阳等(2006)将企业资源划分为土地、能源、水资源和矿产资源,并从资源占用、资源节约、资源回收利用方面探讨了指标体系的构建方法,给出了基于资源节约的指标体系。最后应用改进后的主成分分析法对指标体系进行评价,分为"目标层—要素层—指标层"3个层次、14个指标。赵明华等(2007)从经济节约指数、社会节约指数、科技支持指数和环境支持指数4个准则层面构筑了包含30个具体指标的资源节约型社会指标体系。王春兰(2006)构建了涵盖三层次(目标层、控制层和指标层)共11个指标的资源节约型城市评价指标体系,并选取直辖市及省会城市(西藏除外)共30个城市进行了评价及对比分析。其中,张新瑞等(2007)、温宗国等(2007)针对环境友好型城市进行指标体系研究,他们所构筑的指标体系完全基于环境保护和协调发展层面。张淑琴等(2007)利用山东省1998—2004年的数据对其资源节约型社会状况进行了实证研究。赵明华等(2007)从经济节约指数、社会节约指数、科技支持指数和环境支持指数4个准则层面提出了29个具体指标。肖思思等(2008)探讨了包括资源减量节约、污染减排节约、社会进步、经济发展和技术支撑5个子系统的资源节约型社会发展能力综合评价指标体系的建立和评价方法的应用,并以江苏省及省辖13市为例,对资源节约型社会水平发展指数、资源节约型社会发展协调度以及资源节约型社会发展持续度进行了分析。张良强等(2008)根据平衡计分卡的基本原理,构建了基于节约资源的观念、制度与组织、过程、综合绩效等4个维度的评价资源节约型社会系统的逻辑理论模型,并以福建省为例进行了实际的评价应用。李文芳等(2008)从政治、经济、国防等方面提出了重要矿产资源评价体系共分3层,有3个一级指标和19个二级指标,共同构成完整的评价指标体系。根据指标体系,运用专家意见法,构造判断矩阵,计算各指标的权重和相对重要性。曹国志等(2009)以矿区资源、环境、安全、经济与社会为子系统,建立了矿区可持续发展模糊综合评价模型。张洪梅等(2011)从矿产勘查资源禀赋、矿产资源开发集约节约利用能力、矿产资源保障能力、矿业经济效益、环境保护、科技创新、安全保护等7个方面构建了"目标层－系统层－指标层"3个层次27项指标的指标体系对矿产资源利用水平进行考核。李永峰等(2012)分别从宏观层面(国家)、中观层面(区域)和微观层面(矿区)来建立评价指标体系,对我国矿产资源进行综合评价。刘宝顺(2015)从资源禀赋、技术、环境和经济4个方面构建了矿产资源综合利用评价指标体系,也是包含3个层级10个指标。黄仁东等(2016)通过分析经济、政治、军事、外交、生态等多种因素对非能源矿产资源开发利用的影响,从国家层面宏观的角度构建了一套以战略指标、经济指标、生态指标为三大顶级指标的非能源矿产资源安全开发分类评价体系,并通过量化基础指标权重结合模糊综合分析法,计算出24种非能源矿产资源的隶属度,达到对其进行限制、允许、鼓励开发分类评价的目的,定量评价了非能源矿产资源分类开发情况。

另一部分学者,主要从矿产资源开发利用与矿山生态保护的角度,纵向挖掘深度,提出具体的评价指标或评价系统。这类研究成果有:王广成等(2005)构建了矿区生态系统健康评价指标体系等。沈镭等(2006)建立了包括45个层次和39个指标的资源节约型社会综合评价指标体系,利用熵值法确定评价指标权重,并对全国1990—2004年间的资源节约状况进行了综合评价。王丽等(2007)构建了一套资源节约型社会评价指标体系(即"543体系")。该指标体系包括5种资源类别、4个资源循环环节、3个层次共70个指标,并提出了单指标量化、多指标合成的评价框架。刘瑞花等(2007)建立了四层次资源节约型社会综合评价指标体系,利用层次分析法确定各目标层相关因素的权重,并综合评价了我国及各地区的资源节约状况。张崇欣等(2010年)构建了"目标层—准则层—次准则层—措施层"4个层次的煤炭资源可持续发展利用能力评价体系,还有4个一级指标、11个二级指标和16个三级指标,应用AHP层次分析法定性、定量相结合,对我国煤炭资源的开发利用现状进行了研究、评价。冯安生(2013)对矿产资源节约集约利用作了大量研究,系统研究了我国矿产资源综合利用技术与发展方向,提出了新形势下矿产资源节约集约利用创新对策。冯安生等(2012)分析了2000年以来统计年鉴中涉矿指标变化趋势及其与经济发展之间的关系,遴选出一套能够反映矿产资源节约集约利用的指标项,并准确赋予其内涵、意义和计算方法,为矿产资源节约集约利用提供了科学评价依据。陈丽新等(2016)以资源产业经济学SCP范式理论为依据,探索构建了由3个一级指标、9个二级指标和48个三级指标构成的评价体系。该评价体系包括"驱动力→行为→效益"3个环节,定量比较不同矿区矿产资源高效开发利用程度。陈丽新等(2017)又在2016年的基础上,构建了三元矿产资源集约利用综合评价体系,该体系包括3个一级指标、9个二级指标和21个三级指标。

  除此之外,与学者们的理论研究同时进行的,还有政府部门对矿产资源管理的重视,如2009年,时任国土资源部部长的徐绍史召开第36次部长办公会议,要求创建国土资源节约集约模范县(市),并提出了"设计出可衡量、高标准的综合指标体系"的要求。经过8次部长办公会审议,2010年,国土资源部开展了节约集约模范县(市)创建活动。2011年,建立了国土资源节约集约模范县(市)创建活动指标标准体系,提出了关于土地资源节约集约指标标准体系和矿产资源节约集约指标标准体系。

  综上所述,国内矿产资源节约集约利用研究虽然起步较晚,但在20多年的时间里,积累了丰富的理论研究成果和时间经验。这些理论和相关政策法规为本研究提供了丰富的资料,本研究力图在前人的工作基础上,结合浙江省的实际情况，建立一套完整的矿产资源节约集约利用评估标准。

2.3 浙江省研究现状

浙江省是矿产资源小省，又是资源消耗大省，在矿产资源节约集约利用监管方面一直走在全国前列，浙江省的矿产资源节约集约利用在国内总体处于较高水平，为本次研究工作提供了良好的基础。

2.3.1 制度建设方面

2011年，浙江省第十一届人大常委会第28次会议通过《浙江省资源综合利用促进条例》，将"在矿产资源开采过程中对共生、伴生矿产进行综合开发利用与合理利用以及对尾矿的再次开发利用"纳入资源综合利用范畴，明确"资源综合利用应当在技术可行、经济合理的前提下，与节约资源、保护环境、调整经济结构相结合，坚持社会效益、环境效益优先，兼顾经济效益"，要求矿产开发涉及多种矿种的，开发利用方案应当包含主矿和共生、伴生矿开采利用内容，否则不予颁发采矿许可证，并明确了矿山企业的法律责任。这是浙江省首次在地方法规层面对矿产资源的节约与综合利用提出明确规定。

2006年，浙江省国土资源厅联合省发改委、经贸委、安监局、环保局等5个厅局印发了《浙江省萤石采选准入条件（试行）》，提出了浙江省萤石矿山的地质勘查程度和资源储量规模准入门槛，明确了矿山生产最低规模、开采回采率和尾矿品位的底线。2007年，5个厅局又联合印发了《浙江省石灰岩、叶蜡石、普通建筑石料等三个矿种开采准入条件（试行）》，明确石灰岩资源勘查开发实行"优矿优用"，CaO含量大于或等于45%的，严禁作普通建筑石料开采；禁止Al_2O_3大于或等于16%的叶蜡石矿区作单一水泥配料开采；明确了地质勘查程度、矿山生产最低规模、最低服务年限和开采回采率等的底线，并对低品位矿、废石、尾矿、剥离表土等综合利用提出了明确要求。这是全国首次对单个矿种的开发利用准入提出具体的要求，极大地推动了浙江省萤石、叶蜡石、石灰岩和普通建筑石料矿产的节约集约利用，为十多年来浙江省矿产资源开发利用水平的快速提升奠定了基础。

2.3.2 研究工作方面

2013年,根据原国土资源部统一部署,浙江省国土资源厅委托浙江省地质调查院开展了"浙江省重要矿产资源'三率'调查与评价"工作,对11个重要矿产资源90余家矿山开展了全面调查与评价,建立了"三率"调查评价数据库。通过这次调查评价,基本掌握了浙江省重要矿产资源"三率"、开发利用水平和技术工艺现状,查清了共伴生、低品位、难选冶和矿山废弃物、尾矿等资源综合利用情况,客观评价了浙江省重要矿产资源"三率"指标和技术工艺水平。为浙江省矿产资源保护和合理开发利用监管工作夯实了基础,为健全完善矿产资源节约集约利用政策和促进矿业领域转型升级提供了基础数据支撑。

2014年,国土资源部批准建设浙江省矿产资源综合利用示范基地。通过自主研发、与科研院校合作、设计和引进先进设备等方式,在低品位难选萤石矿资源的开发利用、老矿山残留萤石矿和地表低品位萤石矿资源综合利用、萤石尾矿资源开采和再磨再选及综合利用、科技创新等方面取得突破,在同类矿山企业具有较好的推广示范意义。通过示范基地建设,累计盘活萤石资源5 200余万t,其中低品位矿石1 100余万t,难选冶矿石近3 000万t,尾矿1 100余万t。基地内矿石开采回采率均达到80%以上,低品位矿石选矿回收率达到90%以上,难选矿石回收率达到87%,尾矿再选回收率达到78%,废水利用率达到95%以上。

2014年,浙江省国土资源厅组织开展了石灰岩资源综合利用专题调研,对16个县40余家石灰岩矿山和建德、常山、长兴等碳酸钙粉体产业聚集区开展了实地调研,全面掌握了浙江省石灰岩资源开发利用现状,了解了石灰岩优矿优用、分级利用的技术工艺,了解了碳酸钙粉体加工等下游产业对石灰岩资源的需求等情况。

2.3.3 企业技术创新方面

1)开采技术工艺方面

浙江省遂昌金矿有限公司采用浅孔留矿法,段高一般为40m,采场普遍采用混凝土人工矿柱代替矿石矿柱。其技术要点是:先采矿柱,矿柱采后用人工混凝土、人工钢筋混凝土、毛石等进行替换,后采矿房,在形成类似框架结构后,实行回采,大大提高了回采率。开采回采率达99%以上,超出国家规定指标近15%,开采技术水平非常高,工艺先进。

建德铜矿采用房柱式采矿法,采空后强制崩落顶部围岩处理采空区,上向水平分层采用棒磨砂胶结充填采矿法,回采采用低分段一次性充填采矿法,利用采掘废石加工成棒磨砂作为井下胶结充填用,大大提高了矿山开采回采率和废石利用率,开采回采率达95%,废石利用率达100%。

2)选矿技术工艺方面

浙江巨化化工矿业有限公司为了综合利用硫铁矿矿石中铜铅锌等共伴生有用元素,曾先后委托化工部化工矿山设计研究院、浙江省冶金研究所、长沙有色冶金设计院等单位开展选矿试验研究,取得了较好的成效。矿山能选出硫精矿、铜精矿、铅、锌精矿,并且硫精矿含硫品位可达48%左右,使脱硫后的矿渣可当铁精粉炼铁,共伴生矿产铜和锌实际回收率达50%左右。

绍兴平铜集团对选铜后的尾矿进行锌、硫分离浮选,可获得铜精矿、锌精矿和硫精矿产品,并综合回收金银等有价元素。据统计,该矿山入选尾矿平均品位为 Cu 0.95%、Zn 1.60%、S 12.64%,选矿后获得的铜精矿、锌精矿、硫精矿品位分别为 18.86%、50.78%、36.05%,选矿回收率分别为 86.79%、79.70%、80.00%。金、银综合回收率为 34.08%。

遂昌金矿选冶车间通过技术攻关和选矿工艺改进,选用浮选—金精矿氰化法,工艺流程为:破碎—磨矿—浮选—脱水—金精矿再磨—浸出—洗涤—置换,置换后进行火法冶炼,获得纯度大于95.5%的合质金和纯度大于99.9%的成品银。氰化回收率大于97%,冶炼回收率大于98%,选矿回收率达97%,超出国家规定指标近12%。同时实现了对共伴生银、硫铁矿、铅、锌等矿产的综合回收,伴生银回收率可达90%以上,伴生硫回收率可达79%并获得二级品硫精矿,伴生铅、锌回收率可达79%和86%,综合利用水平居国内领先地位。

3)低品位矿、尾矿和废水综合利用方面

浙江遂昌正中萤石精选有限公司坑口及处坞萤石矿,充分运用新理论、新技术、新工艺,采用中矿再磨再选工艺,应用高效浮选药剂和矿物表面预处理技术,使用先进成熟的选矿设备,在高碳酸钙、高硅和高岭土化难选萤石矿选矿方面取得突破。最低入选矿石品位可达30%以下,生产出CaF_2含量97%以上合格酸级萤石粉,选矿回收率达到83%,直接盘活低品位难选萤石矿174万t。

武义神龙浮选有限公司与武汉理工大学等院校合作,对尾矿结构、机理、药剂、工艺适用性等进行试验研究,选用节能高效的棒型或充气式浮选机和喷射烘泵强化低温浮选工艺,对萤石尾矿进行回采和再磨再选,使尾砂品位低于5%,尾矿选矿回收率达到75%。尾砂作为生产新型墙体材料,研发了两个大类8个品种的新型墙体材料,并得到省级鉴定,取得生产、销售许可,建成了20万t/年尾矿再选生产线和6 500万块/年标砖生产线、30万m^3/年加气混凝土砌块生产线,实现无尾排放。

龙泉市砩矿有限责任公司八都萤石矿通过收集、回收矿山井下的采矿废水作为选矿厂的生产用水,实现废水的第一次循环利用;浮选原矿选矿厂和尾砂选矿厂排放的废水通过新建尾矿沉淀池沉淀以后作为老尾矿库采砂用水,实现废水的第二次循环利用,形成了整个矿山废水的循环重复利用,实现了废水的零排放。

3 评价指标项的构建

3.1 矿产资源节约集约概念的厘定

3.1.1 矿产资源节约利用

矿产资源节约利用是充分合理利用、减少浪费、降低消耗的矿产资源利用方式。节约主要指在同等产出条件下消耗更小的投入,降低资源消耗,具体到矿产资源节约即指同等条件下采出等量的矿石消耗更少的储量或者产出等量的精矿消耗更少的入选矿石量。节约利用资源是实现资源消耗的减量化、资源高效利用的有效途径。节约相对应的是浪费,是减少无益的、无用的资源消耗。资源的节约利用目标是让每一份资源都能够最大限度地作用到我国的经济建设中来,提高矿山经济效益、减轻环境负担,尤其对矿产资源人均占有量低、经济高速发展而矿产资源需求强劲的我国,具有重大的现实意义。

3.1.2 矿产资源集约利用

集约的本意是指农业生产中的集约经营。这个概念最早是在英国古典政治经济学家大卫·李嘉图的地租理论中提出来的。其意是说,在农业生产中,以少量的生产资料和劳动力投放到较多的土地上粗耕粗作、广种薄收的经营方式叫作粗放经营;后来引申到工业等其他方面的生产经营活动中,把运用初等技术进行粗加工,制造低档产品,认为也是粗放经营。而对生产资料和劳动力投放到较少的土地上进行精耕细作,提高单位面积产量的经营方式叫作集约经营;再后来引申到其他方面如工业生产经营中,把应用高新技术从事精细加工,将科技成果转化到生产中去,制造出高精尖产品,少投入多产出的生产经营方式,统称为集约经营。

矿产资源的集约利用是以最有效的人力、物力、财力投入和最低的环境代价充分合理利用矿产资源,以产生最大的利用效益、满足经济社会需求的矿产资源利用方式。也是指矿产资源的开发利用是由高素质劳动者的高效劳动、科学的管理、高新技术的应用、合理的要素组合及高效使用等因素所带动;资源消耗率低,而矿业经济增长比较平稳;技术进步对矿山效益产出贡献份额高;产品深加工开发能力和市场竞争能力强。目标是实现资源利用方式从粗放向集约转变,促进资源的有效保护与合理开发利用。

3.1.3 矿产资源节约集约利用概念厘定

从集约化的含义可知,"集约"与"节约"的含义有很大不同,节约仅指减省不必要的消耗,其核心是"节俭"。"集约"相对应的是"粗放",本质要求是精细化生产。

根据以上所述,结合前人的研究成果,通过实地调查调研和深入研究,我们将矿产资源节约集约利用的概念定义为:以最少的资源消耗、最低的环境代价,通过采用先进的技术工艺和科学的管理方法,实现矿产资源的高效、绿色开发利用,从而产生最大的经济社会效益和生态环境效益。

3.2 矿产资源节约集约利用水平评价指标项构建程序

3.2.1 评价指标项构建方法

评价利用水平有许多方法,如层次分析法、主成分分析法、德尔菲法、灰色关联度法等,本次报告中构建评价指标项主要使用层次分析法(AHP法)和德尔菲法(Delphi法)。

层次分析法是一种常用的数学模型构建方法。此方法主要是通过系统分析将复杂的问题分成若干有序的层次,对每一层次的相关因素进行比较判断,定量化各因素的相对重要性,利用数学方法决定因素重要性的次序,并进行一致性检验,以保证评价者思维判断的准确性。其目的是根据下一层元素对上一层元素的相对重要性分别赋予相应的权重。

德尔菲法也称专家调查法,是一种能够保持被调研专家相对独立性和客观性的调查方法。将所需解决的问题单独发送到各个专家手中,征询意见,然后回收汇总全部专家的意见,并整理出综合意见。随后将该综合意见和预测问题再分别反馈给专家,再次征询意见,各专家依据综合意见修改自己原有的意见,然后再汇总。这样多次反复,逐步取得比较一致的预测结果的决策方法。

3.2.2 影响矿产资源节约集约利用的因素

矿产资源节约集约利用牵涉到资源条件、规模化水平、生产技术水平、市场因素、矿山企业管理水平、矿业政策等多方面的因素,甚至与国际市场和国际政治也密切相关。

1)资源条件

一般来说,资源条件好的矿山比资源条件差的矿山其矿产资源开发利用"三率"(开采回采率、选矿回收率和共伴生矿产资源综合利用率)要高,露天开采的矿山采矿回采率比地下开采的矿山采矿回采率高,易选矿石的选矿回收率比难选矿石的选矿回收率高。矿山"三率"高也就意味着同等矿产资源消耗的情况下有更多的产出。

2)规模化水平

一般来说,规模化水平高的矿山对矿产资源的开发利用会有一个长远的规划,大中型矿山的开发利用周期少则 10 年,多则 20 年、30 年甚至更长,只有做到规模开发的矿山企业才会有长远的打算和规划。规模开发的矿山,其矿产资源开发利用的水平要大大高于粗放利用小规模开发的矿山。矿产资源的开发利用过程必然会对环境产生不同程度的影响,规模开发的矿山,其产生的环境问题得到有效治理的可能性也要大大高于粗放利用小规模开发的矿山。

3)生产技术水平

一般来说,在同等条件下,技术、装备水平高的矿山企业其"三率"就高,技术水平低的矿山企业其"三率"就低。对有些矿产如铜、金、镍等在采用新技术后,采矿回采率和选矿回收率大幅提高,大大扩展了资源储量的规模。一般而言,大规模开发的矿山提高技术水平、采用先进适用技术的可能性高于粗放利用、小规模开发的矿山。

4)市场因素

市场因素最重要的就是矿产品价格,当矿产品价格高的时候,能够承担较高的加工成本,能有较大技术、设备等相关投入,矿产资源的利用水平就高;当矿产品价格低的时候,将减少相关投入,这时矿产资源利用水平就低。

5)矿山企业管理水平

矿山企业管理水平越高,节约集约利用水平越高,矿产资源开发利用的效率、矿产资源开发利用的"三率"就越高;反之,矿山企业管理水平越低,节约集约利用水平越低,矿产资源开发利用的效率、矿产资源开发利用的"三率"就越低。

6)矿业政策

一方面,是矿山企业的税赋水平的政策,对一些国家鼓励开发利用的矿产资源种类,可以采用低税赋政策。矿山企业成本降低,意味着低品位的资源会得到开发利用,矿产资源开发利用的回收率提高。另一方面,是国家对于不同矿种设置的开发利用限制性指标,矿山企业对于资源的利用进行约束,如自然资源部发布的各个矿种最低"三率"标准等。

3.2.3 评价指标项的选取原则

矿产资源开发利用包含矿床的勘查、开采和选别等多个环节的内容,其节约集约利用是一个多元化的复杂的系统概念。指标项的确定工作是体系研究的核心、前提和基础。课题组基于矿产资源节约集约利用水平综合评价相关技术条件,在对建立指标体系理论、方法、指标体系选择及影响因素全面分析的基础上,研究探讨了指标体系的层次、指标的独立性要求、指标体系建立的原则及程序等。

要建立一套既科学又合理的指标体系,必须按照一定的原则去分析和判断,才有可能较好地解决这一难题。在本次设计指标体系时,遵循以下原则。

1)正确方向性的原则

从总体上来说,矿产资源节约集约利用水平评价应与国家的方针、政策、法令相一致,并应有一定的现实指导意义,因此在设计指标体系时要充分认识指标体系的方向指导性作用。研究人员怎么进行评价,指标体系就体现什么,评价对象就会重视什么。所以,设计指标体系时必须考虑指标的方向性和指导性,以政府的矿业政策、法令为导向,以约束资源浪费和鼓励资源高效科学开发为方向,从全局上衡量整体的效果。

2)全面性的原则

矿产资源节约集约评价体系是一个完整的评价系统,在选取指标时应按照系统论的观点,系统、全面地选取指标,使指标体系形成一个相互联系、完整开放、稳定的系统。同时,选取的指标应全面从管理、技术、经济等各个角度反映出矿产资源的节约集约程度。

3) 科学性的原则

指标应能够全面反映矿山开发利用过程的各个方面,符合资源节约集约利用的内涵和目标,并且能够反映矿山生产全过程的真实情况。指标的选择、指标权重系数的确定、数据的选取与计算,必须以公认的科学理论为依据,必须在对矿业开发运行过程及诸方面的相互关系作出准确、全面的分析和描述的基础上,综合考虑技术、经济、资源等诸多方面及其协调性,使建立的指标以第一手的数据作为计量和评价基础。

4) 可操作性的原则

反映矿产资源节约集约利用水平高低的指标,应具有可测性和可比性。定性指标要反映出不同矿山客观实际存在的差异可比性,但也应有一定的量化手段与之相对应;定量指标应均可通过矿山企业上报国家相关部门的数据和矿山自身生产情况直接或间接进行计算和验证。在设计指标体系时,应尽可能减少难以量化或者定性指标的数量。要求指标体系的设置避免过于繁琐,同时指标体系所涉及的数据,必须是我国现行制度中具有或通过努力可以达到的,这样才能使其运用具有较强的可操作性。

5) 相对独立性的原则

矿产资源节约集约利用水平指标体系是矿产资源开发、利用、社会经济可持续发展、生态环境综合治理等多方面指标的有机集合,具有自身的系统性。指标体系的系统性,一是指指标体系必须是反映研究对象"质"的特性的指标的"集合",不能遗漏;二是指指标体系自身必须系统、完整,不仅要注意指标体系整体的内在联系,而且要注意整体的功能和目标,要能全面反映预测或评价"目标";三是指标体系要形成阶层性的功能群,层次之间要相互适应并具有一致性,要具有与其相适应的导向作用,即每项上层指标都要有相应的下层指标与其相适应。

表征评价体系的指标经常出现指标间信息重叠的问题,因此在确立指标时,应选择相对独立的指标,从而提高系统评价的科学性和准确性。

3.2.4 指标体系建立的影响因素

指标体系的建立实质上是运用主观判断研究对象本质的行为过程。对于指标体系这样一个多因素、多层次的"复杂系统"而言,这一行为过程结论正确与否,一方面受人的主观因素的影响,另一方面受指标自身不确定性、模糊性的影响。影响指标体系建立的因素主要如下。

1)指标形式的多样性

对于预测或评价研究对象,都涉及到许许多多的指标。从不同的角度出发,就有不同的标准来划分这些指标。例如,根据指标反映现象的性质不同,可分为定性指标和定量指标;根据指标本身性质的不同,可分为正向指标、负向指标。

2)指标量化的复杂性

无论是"直接量化法"还是"间接量化法",都是采用专家评分的方法进行。在这一过程中,专家由于受价值取向、自身能力、对研究对象的熟悉程度、个人的偏好、职业角色以及一些非理性因素的限制,将直接影响到对指标体系作出正确判断和量化的可信度。

3)权重确立方法的多元性

指标体系权重的确立方法最初基本上是采用定性分析的方法进行,受主观因素影响较大。为了提高权重的科学性,通过逐渐引入数学、模糊数学、灰色系统理论、运筹学、系统工程、经济学等学科的方法,使权重的确立逐步进入到定性分析和定量分析相结合的阶段,并发展和完善了确立权重的理论方法和模型,不但在方法研究方面趋于多元化,而且使指标体系质量也有了质的提高。

除了上述主要影响因素外,还有其他一些次要影响因素,如研究人员在设计指标时,对研究对象以及研究的目标明确与否、考虑是否周全等,研究对象所处的环境与时间、研究对象的多元性等因素。

3.2.5 评价指标的选取

1)矿产资源节约集约利用水平评价体系构建步骤

评价指标具有客观复杂性,评价指标和指标体系的科学性是预测或评价质量的关键。为了使指标体系全面、客观、合理、科学、实用,并能被人们所接受,指标体系的设计就显得十分重要。在进行矿产资源节约集约利用水平评价时,需要遵循如下步骤:①限定问题;②确定目标;③调查研究收集数据;④提出评价方案和评价标准;⑤问题评价;⑥听取反馈意见。

总之,对于矿产资源节约集约利用水平评价系统的研究需要结合系统理论的原则和要求,使用不同的工具与方法,从不同的侧面进行综合研究。

2)矿产资源节约集约利用水平评价流程

矿产资源节约集约利用水平评价指标项主要由评价因子体系、构建体系、因子赋值、评价分值测算等构成,得出评价结果,达到研究目的,具体流程如图3-1所示。

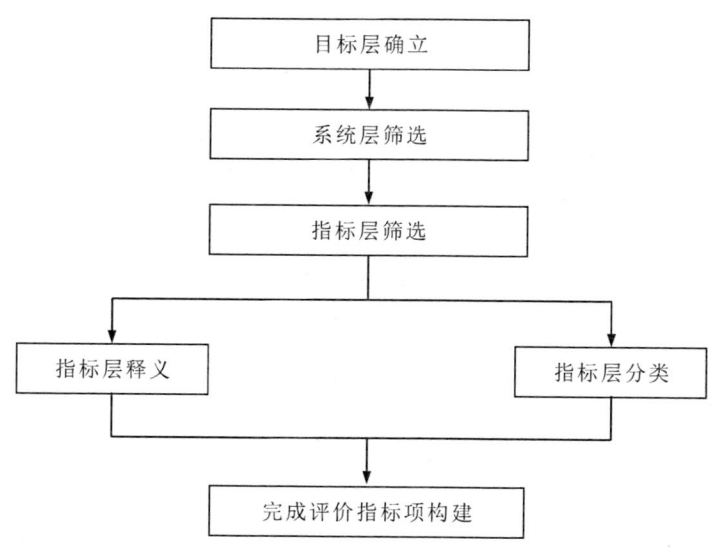

图3-1 指标评价体系构建示意图

3.3 评价指标项的确立、完善及释义

节约集约利用评价指标体系设计的基本思路是以节约集约利用资源为基础,以矿产资源的可持续利用和社会经济可持续发展为目标,以合理、合法、高效为出发点。评价指标体系的建立以节约集约为核心,从分析影响矿产资源节约集约利用的主要因素入手,使评价指标体系可以全面反映矿产资源节约集约化现状水平、制约程度、未来发展趋势,从而使指标体系客观准确地反映矿产资源节约集约利用状况。

浙江省矿产资源节约集约利用水平评价指标体系研究

矿产资源节约集约利用评价指标体系是一个有机系统,这个系统应基本涵盖矿山生产各方面的内容。节约集约利用评价是在指标信息的基础上进行策略性评价。完成这一策略性评价需要构建矿产资源节约集约利用评价的概念框架体系。该框架体系应具备以下特点:①具有广泛意义和多层次结构;②具有系统、合乎逻辑的理论来保证概念框架及其指标的完整性和全面性;③具体指标分布不会发生某一方面的重叠和另一方面的缺乏。

为了满足指标体系的完备性和针对性原则,往往需选取很多指标,但在进行评价时,又希望浓缩较少的指标,高度概括地反映利用水平状况。遵循选取原则,根据体系构架原则和矿产资源利用现状的总体要求,专题组采用专家咨询法,邀请了地质勘查、采矿、选矿和科研企事业单位、矿政管理单位等不同专业不同单位的专家对矿产资源节约集约利用水平考核指标体系中的层次和表达要素进行构造。

综合结果,指标体系的层次结构指标体系由概略渐趋细化,拟分为目标层—系统层—指标层3个层次,形成递进结构。

3.3.1 地下开采矿山节约集约利用水平评价指标

1)目标层的确定

目标层综合表达地下开采矿山节约集约利用水平指标能力,反映总体的使命和目标,即建立评价体系。指标说明如表3-1所示。

表3-1 目标层具体表达内容

目标层
地下开采矿山矿产资源节约集约利用水平评价指标体系A

2)系统层的选取和筛选

系统层表达资源利用水平,总体分解为若干功能系统集,显示其对目标层的影响。分别为规范开采、矿产资源利用、循环利用、科技水平、经济社会效益五大类,指标说明如表3-2所示。

其中规范开采与管理是整个评价指标的基础和基本准则,体现了矿山在节约集约利用方面的管理水平,是矿山经济合理性的首要条件,也是矿山企业在安全和环境方面的保障。

表 3−2 系统层包含的五大系统集

系统层				
规范开采 B1	矿产资源利用 B2	循环利用 B3	科技水平 B4	经济社会效益 B5

矿产资源开发利用水平在体系建设中占据核心位置,是矿山资源条件、技术水平、企业管理、社会市场因素的集中体现。

循环利用强调资源的高效利用,强调以最少的资源消耗和环境成本,追求最大的经济社会效益,将污染预防战略持续地应用于生产全过程,通过不断地改善管理和技术进步,提高资源利用率,减少污染物排放,以降低对环境和人类的危害。

科技水平是企业优化生产工艺、实现节约和集约的重要手段,是矿山进行资源节约集约利用的水平保证。

经济社会效益是矿山节约集约利用水平的最终反映和落脚点,从中能折射出矿产资源的利用价值、劳动价值和对社会的贡献。

3)指标层的选取

指标层是描述资源利用特征的,可测、可比、可用数字表达的指标或指标数群,是最为基层的要素。系统层的五大系统集共包含 16 项指标项。

(1)规范开采。

规范开采包含 3 项指标,分别为开发利用方案执行、恢复治理方案执行和产能偏离度。

开发利用方案执行是反映矿山企业能否按照开发利用方案进行采矿活动的指标,指矿山是否严格按照开发利用方案设计的采矿方法、开采顺序、开拓运输方式进行开发利用。这 3 项考察内容都需要与开发利用方案一致。

恢复治理方案执行是指矿山企业能否严格按照恢复治理方案中的设计对矿山进行恢复治理。主要包括:①地下开采矿山复垦是否达标;②矿山地质环境恢复治理是否达标;③采空区回填及恢复治理是否达标。

产能偏离度是约束矿山产能利用的指标。矿山实际产能相对于设计产能,上下浮动应控制在 30% 以内,即:

$$\frac{矿山实际生产能力-矿山设计生产能力}{矿山设计生产能力} \times 100\% < 30\%$$

(2)矿产资源利用。

矿产资源利用包含 4 项指标,分别为开采回采率、选矿回收率、共伴生矿产资源综合利用率和低品位矿利用率。

开采回采率是指当期采出的纯矿石量占当期消耗的资源储量的百分比。

$$开采回采率 = \frac{原矿采出量}{消耗的资源储量} \times 100\%$$

$$= \left(1 - \frac{开采损失量}{消耗的资源储量}\right) \times 100\%$$

选矿回收率指精矿中某有用组分的质量占入选原矿中该有用组分质量的百分比。

$$选矿回收率 = \frac{精矿产品中某组分质量}{入选原矿中该组分质量} \times 100\%$$

$$= \frac{某组分精矿产品质量 \times 该组分精矿品位}{入选原矿总质量 \times 该组分原矿品位}$$

共伴生矿产资源综合利用率是指采选作业中,各最终精矿产品中共伴生有用组分的质量之和与当期消耗矿产资源储量中共伴生有用组分质量之和的百分比。

$$\frac{共伴生矿产资源}{综合利用率} = \frac{采选利用的共伴生有用组分质量之和}{消耗资源储量中共伴生有用组分质量之和} \times 100\%$$

低品位矿是指达到边界品位,低于最低工业品位的矿石。

$$低品位矿利用率 = \frac{当期低品位矿利用量}{当期低品位矿开采量} \times 100\%$$

(3)循环利用。

循环利用包含 3 项指标,分别为尾矿利用率、废水循环利用率和废石利用率。指标值的提升则意味着矿产资源开发利用浪费和损失的减少,是矿产次生资源合理利用的表现,是节约化和集约化的集中反映。

尾矿利用率是指矿山生产过程中,年度利用的尾矿量与年度生产的尾矿量的百分比,利用的尾矿量包括回收有价元素的尾矿量、用于制作建筑材料的量及矿山回填量等。

$$尾矿利用率 = \frac{年度利用尾矿量}{年度生产尾矿量} \times 100\%$$

废水是指矿山在采选生产作业中,产生的不符合排放指标的污水。废水循环利用率是指矿山回收利用的废水占废水总量的百分比。

$$\text{废水循环利用率} = \frac{\text{年度生产的废水质量} - \text{年度排放的废水质量}}{\text{年度生产的废水质量}} \times 100\%$$

废石是指采矿作业中采出的未能进入选矿等后续作业的围岩、夹石等固体废弃物。废石利用率是指当期废石利用量占当期废石生产总量的百分比。

$$\text{废石利用率} = \frac{\text{年度利用的废石量}}{\text{年度生产的废石量}} \times 100\%$$

(4)科技水平。

科技水平包括3项指标,分别为技术工艺水平、数控化水平和人均年产矿石量。

技术工艺水平是矿山技术装备水平的直接体。采用《矿产资源节约与综合利用鼓励技术目录》或《矿产资源节约与综合利用先进适用技术推广目录》中的采矿技术工艺或选矿加工技术工艺生产的矿山,则得分;采用《矿产资源节约与综合利用淘汰技术目录》中的采矿技术工艺或选矿加工技术工艺生产的矿山,则减分。

数控化水平矿山指是否组建信息化生产调度中心。

人均年产矿石量是指矿山工作人员人均年度产出的矿石量,是衡量人均矿石生产能力的指标。

$$\text{人均年产矿石量} = \frac{\text{年度矿山开采量总值}}{\text{当年度矿山职员总数}}$$

(5)经济社会效益。

经济社会效益包括3项指标,分别为吨矿税金、人均产值和单位能耗。

吨矿税金是指矿山年度缴税总额与矿山年度矿石采出总矿量之比,是衡量矿山经济的一个指标。

$$\text{吨矿税金} = \frac{\text{矿山年度缴税总额}}{\text{矿山年度矿石采出总量}}$$

人均产值是指矿山年度工业总产值与当年度矿山职员人数的比值,是衡量矿山经济的指标。

$$\text{人均产值} = \frac{\text{年度矿山工业总产值}}{\text{当年度矿山职员总数}}$$

单位能耗是指单位原矿(每吨)所消耗的某种能源量。

$$\text{吨矿产品能耗} = \frac{\text{能源消费总量}}{\text{采出原矿量}}$$

4)指标的分类

根据指标反映现象的性质不同,可分为定性指标和定量指标。其中定性指标共4项,分别为开发利用方案执行、治理恢复方案执行、技术工艺水平和数控化水平。其余均为定量指标。

根据指标本身性质的不同,可分为正向指标、负向指标和中性指标。其中负向指标1项,为单位能耗;中性指标两项,分别为产能偏离度和技术工艺水平;其余为正向指标。地下开采矿山矿产资源节约集约利用水平评价指标项之间的从属关系如表3-3所示。

表3-3 地下开采矿山矿产资源节约集约利用水平评价指标项

目标层	系统层	指标层	单位	属性	类型
地下开采矿山矿产资源节约集约利用水平评价指标体系A	规范开采B1	开发利用方案执行C1	—	正向	定性
		治理恢复方案执行C2	—	正向	定性
		产能偏离度C3	%	中性	定量
	矿产资源利用B2	开采回采率C4	%	正向	定量
		选矿回收率C5	%	正向	定量
		共伴生矿产资源综合利用率C6	%	正向	定量
		低品位矿利用率C7	%	正向	定量
	循环利用B3	尾矿利用率C8	%	正向	定量
		废水循环利用率C9	%	正向	定量
		废石利用率C10	%	正向	定量
	科技水平B4	技术工艺水平C11	—	中性	定性
		数控化水平C12	—	正向	定性
		人均年产矿石量C13	万t/人	正向	定量
	经济社会效益B5	吨矿税金C14	元/t	正向	定量
		人均产值C15	万元/人	正向	定量
		单位能耗C16	kgce/t	负向	定量

3.3.2 露天开采矿山节约集约利用水平评价指标

1) 目标层的确定

目标层综合表达露天开采矿山节约集约利用水平指标能力，反映总体的使命和目标，即建立评价体系，指标说明如表3-4所示。

表3-4 目标层具体表达内容

目标层
露天开采矿山矿产资源节约集约利用水平评价指标体系A

2) 系统层的选取和筛选

系统层表达资源利用水平，总体分解为若干功能系统集，显示其对目标层的影响。分别为资源开发利用、生态环境保护、循环利用、科技水平、经济社会效益五大类，指标说明如表3-5所示。

表3-5 系统层包含的五大系统集

系统层				
资源开发利用B1	生态环境保护B2	循环利用B3	科技水平B4	经济社会效益B5

其中矿产资源开发利用水平在体系建设中占据核心位置，是矿山资源条件、技术水平、企业管理、社会市场因素的集中体现。

生态环境保护强调减少露天矿山开发活动对环境的扰动，是矿山开发"既要金山银山，也要绿水青山"理念的体现。

循环利用强调资源的高效利用，强调以最少的资源消耗和环境成本，追求最大的经济社会效益，将污染预防战略持续地应用于生产全过程，通过不断地改善管理和技术进步，提高资源利用率，减少污染物排放，以降低对环境和人类的危害。

科技水平是企业优化生产工艺、实现节约和集约的重要手段，是矿山进行资源节约集约利用的水平保证。

经济社会效益是矿山节约集约利用水平的最终反映和落脚点，从中能折射出矿产资源的利用价值、劳动价值和对社会的贡献。

3) 指标层的选取和筛选

指标层是描述资源利用特征的,可测、可比、可用数字表达的指标或指标数群,是最为基层的要素。系统层的五大系统集共包含 16 项指标项。

(1) 资源开发利用。

规范开采包含 4 项指标,分别为开采顺序、台阶参数、产能偏离度和开采回采率。

开采顺序是指矿山采矿环节是否严格按照自上而下、分台阶开采的顺序开采。

台阶参数是指开采台阶的宽度、高度及坡角是否严格按照开发利用方案执行。

产能偏离度是约束矿山产能利用的指标。矿山实际产能相对于设计产能,上下浮动应控制在 30% 以内,即:

$$\frac{矿山实际生产能力 - 矿山设计生产能力}{矿山设计生产能力} \times 100\% < 30\%$$

开采回采率是指当期采出的纯矿石量占当期消耗的资源储量的百分比。

$$开采回采率 = \frac{原矿采出量}{消耗的资源储量} \times 100\%$$

$$= \left(1 - \frac{开采损失量}{消耗的资源储量}\right) \times 100\%$$

(2) 生态环境保护。

矿产资源利用包含 3 项指标,分别为粉尘防治、边开采边治理和有机表土剥离存放。

粉尘防治是指根据相关文件要求,矿山每月需要进行 1 次粉尘浓度检测。年度 12 次检测达标,该年度粉尘防治即为达标;有 1 次或 1 次以上检测不达标,该年度粉尘防治即为不达标。

边开采边治理是反映矿山企业落实治理恢复义务的指标,指矿山企业是否严格按照恢复治理方案对开采活动造成的破坏、已形成的终了边坡等及时进行恢复治理。

有机表土剥离存放是指开采过程中,最上层的有机表土是否进行单独剥离,并按要求妥善保存。

(3) 循环利用。

循环利用包含 3 项指标,分别为废水循环利用率、废石利用率和尾泥(砂)

利用。指标的提升则意味着矿产资源开发利用浪费和损失的减少,是矿产次生资源合理利用的表现,是节约化和集约化的集中反映。

废水是指矿山在采选生产作业中,产生的不符合排放指标的污水。废水循环利用率是指矿山回收利用的废水占废水总量的百分比。

$$\text{废水循环利用率} = \frac{\text{年度生产的废水质量} - \text{年度排放的废水质量}}{\text{年度生产的废水质量}} \times 100\%$$

废石是指采矿作业中采出的未能进入选矿等后续作业的围岩、夹石等固体废弃物。废石利用率是指当期废石利用量占当期废石生产总量的百分比。

$$\text{废石利用率} = \frac{\text{年度利用的废石量}}{\text{年度生产的废石量}} \times 100\%$$

尾泥(砂)利用是指加工环节后(包括沉淀池中)所剩余的尾泥、尾砂及其他固废,是否加以加工利用。

(4)科技水平。

科技水平包括3项指标,分别为技术工艺水平、数控化水平和人均年产矿石量。

技术工艺水平是水平是矿山技术装备水平的直接体。采用《矿产资源节约与综合利用鼓励技术目录》或《矿产资源节约与综合利用先进适用技术推广目录》中的采矿技术工艺或选矿加工技术工艺生产的矿山,则得分;采用《矿产资源节约与综合利用淘汰技术目录》中的采矿技术工艺或选矿加工技术工艺生产的矿山,则减分。

数控化水平矿山指是否组建信息化生产调度中心。

人均年产矿石量是指矿山工作人员的人均年度产出的矿石量,是衡量人均矿石生产能力的指标。

$$\text{人均年产矿石量} = \frac{\text{年度矿山开采量总值}}{\text{当年度矿山职员总数}}$$

(5)经济社会效益。

经济社会效益包括3项指标,分别为吨矿税金、人均产值和单位能耗。

吨矿税金是指矿山年度缴税总额与矿山年度矿石采出总矿量之比,是衡量矿山经济的一个指标。

$$\text{吨矿税金} = \frac{\text{矿山年度缴税总额}}{\text{矿山年度矿石采出总量}}$$

人均产值是指矿山年度工业总产值与当年度矿山职员人数的比值,是衡量矿山经济的指标。

$$人均产值 = \frac{年度矿山工业总产值}{当年度矿山职员总数}$$

单位能耗是指单位原矿（每吨）所消耗的某种能源量。

$$吨矿产品能耗 = \frac{能源消费总量}{采出原矿量}$$

4) 指标的分类

根据指标本身性质的不同，可分为正向指标、负向指标和中性指标。其中负向指标1项，为单位能耗；中性指标2项，分别为产能偏离度和技术工艺水平；其余均为正向指标。露天开采矿山矿产资源节约集约利用水平评价指标项之间的从属关系如表3-6所示。

表3-6 露天开采矿山矿产资源节约集约利用水平评价指标项体系

目标层	系统层	指标层	单位	属性	类型
露天开采矿山矿产资源节约集约利用水平评价指标体系 A	资源开发利用 B1	开采顺序 C1	—	正向	定量
		台阶参数 C2	—	正向	定量
		产能偏离度 C3	%	中性	定量
		开采回采率 C4	%	正向	定量
	生态环境保护 B2	粉尘防治 C5	%	正向	定量
		边开采边治理 C6	%	正向	定量
		有机表土剥离存放 C7	%	正向	定量
	循环利用 B3	废水循环利用率 C8	%	正向	定量
		废石利用率 C9	%	正向	定量
		尾泥（砂）利用率 C10	%	正向	定量
	科技水平 B4	技术工艺水平 C11	—	中性	定性
		数控化水平 C12	—	正向	定性
		人均年产矿石量 C13	万t/人	正向	定量
	经济社会效益 B5	吨矿税金 C14	元/t	正向	定量
		人均产值 C15	万元/人	正向	定量
		单位能耗 C16	kgce/t	负向	定量

3.3.3 县(市、区)矿产资源节约集约利用水平评价指标

1) 目标层的确定

目标层综合表达县(市、区)矿产资源节约集约利用水平指标能力,反映总体的使命和目标,即建立评价体系,指标说明如表3-7所示。

表3-7 目标层具体表达内容

目标层
县(市、区)矿产资源节约集约利用水平评价指标体系 A

2) 系统层的选取和筛选

系统层表达资源利用水平,总体分解为若干功能系统集,显示其对目标层的影响。分别为区域矿山综合情况、规划布局、开采秩序、生态环境保护四大类,指标说明如表3-8所示。

表3-8 系统层包含的四大系统集

系统层			
区域矿山综合情况 B1	规划布局 B2	开采秩序 B3	生态环境保护 B4

其中,区域矿山综合情况是衡量研究区内所有在采矿山的总体情况。其评价方法根据本研究指定的"地下开采矿山"和"露天开采矿山"节约集约水平评价指标来确定。

规划布局是反映矿山能否严格按照开发利用方案和生态环境保护要求来合理布局,是约束研究区矿山规模和矿权布局的参量。

开采秩序是衡量矿山能否按照相关要求,科学合理开发,无违法开采,无安全隐患的重要因子。

生态环境保护是指区域内矿山能否严格按照生态环保要求来合理设置矿山边坡、地盘等,是否完成废弃矿山治理,是否被列入国家绿色矿山名录等。

3)指标层的选取和筛选

指标层是描述资源利用特征的、可测、可比、可用数字表达的指标或指标数群,是最为基层的要素。系统层的四大系统集共包含12项指标项。

(1)区域矿山综合情况。

区域矿山综合情况仅有区域内矿山评价平均值1项指标。区域内矿山评价平均值是指县(市、区)域内参与评价的全部矿山节约集约利用水平评价得分的平均值。

(2)规划布局。

规划布局包含4项指标,分别为砂石土矿山平均规模、采矿权指标执行情况、开采区矿权比例和禁采区矿权个数。

砂石土矿山平均规模是评价县(市、区)内砂石土矿山总体规模的指标。

$$砂石土矿山平均规模 = \frac{区域内砂石土矿山总生产规模}{砂石土矿山总数}$$

采矿权指标执行情况反映县(市、区)采矿权指标执行状况。

$$采矿权指标执行情况 = \frac{区域内采矿权个数}{采矿权指标数} \times 100\%$$

开采区矿权比例反映县(市、区)采矿权是否在规定的开采区域之内。

$$开采区矿权比例 = \frac{开采区内采矿权个数}{评价区域内总采矿权个数} \times 100\%$$

禁采区矿权个数反映县(市、区)内是否有违禁矿权,指禁采区内的采矿权数量。

(3)开采秩序。

开采秩序包含3项指标,分别为日常巡查制度执行、矿山储量动态监测制度执行和违法违规行为查处。

日常巡查制度执行是指矿山能否严格按照有关要求进行日常巡查。

矿山储量动态监测制度执行是指矿山能否按照要求进行储量动态监测。

$$\frac{矿山储量动态}{监测制度执行} = \frac{县域内年度提交矿山储量年报的矿山数量}{县域内矿山总数} \times 100\%$$

违法违规行为查处反映县域内矿山违法违规行为的查处力度。

$$\frac{违法违规}{行为查处} = \frac{县域内当年度发生违法违规行为的矿山数}{县域内当年度查处的矿山数} \times 100\%$$

(4)生态环境保护。

科技水平包括4项指标,分别为设计最终边坡坡面面积与最终底盘面积比、废弃矿山(井)治理率、绿色矿山入库率和治理恢复基金建立率。

设计最终边坡坡面面积与最终底盘面积比是指县(市、区)内砂石土矿山设计最终边坡坡面面积之和与设计最终底盘面积之和的比值。

废弃矿山(井)治理率指县(市、区)已经治理完成并通过验收的废弃矿山(井)个数与废弃矿山(井)总数之比。

$$\frac{废弃矿山(井)}{治理率} = \frac{已经治理完成的废弃矿山(井)个数}{废弃矿山(井)总数} \times 100\%$$

绿色矿山入库率反映评价区域内绿色矿山建成情况。

$$\frac{绿色矿山}{入库率} = \frac{列入国际绿色矿山名录的矿山数量}{总矿山数量} \times 100\%$$

治理恢复基金建立率是指县域内矿山能否按照要求建立矿山生态环境治理恢复基金。

$$\frac{治理恢复}{基金建立率} = \frac{已经建立治理恢复基金的矿山}{县域总矿山数} \times 100\%$$

4)指标的分类

根据指标反映现象的性质不同,可分为定性指标和定量指标。其中定性指标共1项,为日常巡查制度执行,其余均为定量指标。

根据指标本身性质的不同,可分为正向指标、负向指标和中性指标。其中负向指标2项,分别为禁采区矿权个数和违法违规行为查处;中性指标3项,分别为日常巡查制度执行、矿山储量动态监测制度执行和砂石土矿山设计最终边坡坡面面积与最终底盘面积比。县(市、区)矿产资源节约集约利用水平评价指标项之间的从属关系如表3-9所示。

表3-9 县(市、区)矿产资源节约集约利用水平评价指标体系

目标层	系统层	指标层	单位	属性	类型
县(市、区)矿产资源节约集约利用水平评价指标体系A	区域矿山综合情况B1	区域内矿山评价平均值C1	—	正向	定量
	规划布局B2	砂石土矿山平均规模C2	万t	正向	定量
		采矿权指标执行情况C3	%	正向	定量
		开采区矿权比例C4	%	正向	定量
		禁采区矿权个数C5	个	负向	定量
	开采秩序B3	日常巡查制度执行C6	—	中性	定性
		矿山储量动态监测制度执行C7	—	中性	定量
		违法违规行为查处C8	—	负向	定量
	生态环境保护B4	砂石土矿山设计最终边坡面积与最终底盘面积比C9	—	中性	定量
		废弃矿山(井)治理率C10	%	正向	定量
		绿色矿山入库率C11	%	正向	定量
		治理恢复基金建立率C12	%	正向	定量

4 评价指标项标准值与权重的确立

4.1 指标项标准值的分类与算法

4.1.1 标准值的分类

从指标项的可量化程度来看，本研究建立的评价指标体系中的指标项有以下3类。

第一类：能够直接定量的指标项。例如，开发利用方案执行($C1$)、数控化水平($C12$)等。

第二类：有经过评审的设计值或国家行业的标准值的指标项。例如，开采回采率($C4$)、选矿回收率(地下，$C5$)等。

第三类：没有设计值和国家行业标准的指标项。这种类型的指标项又分为两种：一种是技术性指标项，另一种是经济类指标项。技术性指标项如废水循环利用率(地下，$C9$)、尾泥(砂)利用率(露天，$C10$)等；经济类指标项如吨矿税金($C14$)、人均产值($C15$)等。

目前，国内没有一个统一的矿产节约集约利用评价标准值，本书根据以下标准来确定各单项指标的标准值。

对于第一类指标项，因为其指标项的考核点都是单一且直观的，易于判断，能够直接定量，所以对该指标的水平直接进行分级。对每个矿山的该类指标实际值进行0和100分之间的无量纲化处理，即满足考核标准，得满分；不满足考核标准，不得分。

对于第二类有经过评审的设计值或国家行业的标准值的矿山指标，由于该指标在开发利用方案中一般都有设计值，并且该矿种一般都有行业最低标准，所以将该指标项的实际值与设计值、行业最低标准值进行比较处理。对于实际值和设计值(标准值)相符的情况确定为无量纲化的 100 分,不相符的按照偏离程度进行处理。例如,对于开采回采率这个指标项,开发利用方案中一般有该矿山的设计值,行业中一般也有该矿种的最低开采回采率标准值。在这种情况之下,我们把该指标项的标准值划分为 3 个档次:第一个档次是,矿山的实际值达到或是超过设计值;第二个档次是,矿山的实际值未达到设计值,但高于或等于该矿种的最低标准;第三个档次是,矿山的实际值低于行业最低标准。这 3 个档次的节约集约利用水平是依次降低的,其无量纲化的评估得分数值也依次减少。

第三类指标中没有设计值和国家行业标准的矿山指标,是一种技术性指标。比如,低品位矿利用率、废水循环利用率等。这类指标,在大样本的取样中,其实际值是在 0~100 之间分布,可能是该区间之中的任何一个数值。因为这些实际值的分布具有严格的区间性,我们对矿山指标行业情况进行统筹,采用对应各个指标的"满意值—标准值"双重限制准则,对每个矿山的指标进行双限无量纲化,将各项指标数据转换得到 0~100 的得分。例如,低品位矿利用率这个指标项,在实际调研中,我们发现矿山企业的低品位矿利用率从 0~100% 都有分布。对该指标项数值进行无量纲化处理:

$$\text{score}(C) = \frac{C - C^0}{C^{100} - C^0} \times 100$$

式中:$\text{score}(C)$ 为指标项的标准值得分;C 为某矿山的低品位矿实际值;C^0 为样本中的最小值;C^{100} 为样本中的最大值。

第三类指标中还有一种是经济类指标。比如,吨矿税金、人均产值等。这类指标的数值不具备严格数学意义上的区间分布,但是,它们在总体上呈正态分布,表现出一定的统计学规律。例如,吨矿税金和人均产值的取样数值主要分布在省平均值的 50% 以下、50%~200% 之间以及 200% 以上,因此,本研究根据其正态分布规律,自然地将标准值划分为 3 个档次,其得分值依次变高。

根据指标项的种类,利用国家或是行业标准、矿山设计值、统计学分布规律等方法,建立了指标项标准值的量化模型。

4.1.2 指标项计算公式

1)地下开采矿山节约集约利用水平评价指标

(1)规范开采。

①开发利用方案执行。定性指标。在无量纲化的过程中,将最高级视为100分。按照矿山开发利用方案设计的采矿方法、开采顺序以及开拓运输方式进行考核。3项考核指标都与开发利用方案一致的,得100分;有1项及以上不一致的,得0分。

②治理恢复方案执行。定性指标。在无量纲化的过程中,将最高级视为100分。按照恢复治理方案规定的对开采活动造成的破坏(地面塌陷、地裂缝、坍塌、滑坡、含水层破坏、地形地貌景观破坏等)、形成的采空区等是否及时进行治理恢复进行考核。所有项目皆符合恢复治理方案要求,得100分;有1项及以上不符合的,得0分。

③产能偏离度。定量指标,分为3个等级。在无量纲化的过程中,将最高级视为100分,第二等级视为80分,第三等级视为0分。矿山产能利用率在70%~130%之间的为合理值,为最高级;产能利用率在30%~70%或130%~170%之间的为第二等级;产能利用率小于30%或大于170%的为第三等级。

(2)矿产资源利用。

①开采回采率。定量指标,分为3个等级。在无量纲化的过程中,将最高级视为100分,第二等级视为60分,第三等级视为0分。开采回采率达到或超过设计值的为第一等级;开采回采率在设计值和"三率"最低标准值之间的为第二等级;开采回采率低于"三率"最低标准值的为第三等级。

②选矿回收率。定量指标,分为3个等级。在无量纲化的过程中,将最高级视为100分,第二等级视为60分,第三等级视为0分。选矿回收率达到或超过设计值的为第一等级;选矿回收率在设计值和"三率"最低标准值之间的为第二等级;选矿回收率低于"三率"最低标准值的为第三等级。

③共伴生矿产资源综合利用率。定量指标,分为3个等级。在无量纲化的过程中,将最高级视为100分,第二等级视为60分,第三等级视为0分。共伴生矿产资源综合利用率达到或超过设计值的为第一等级;选矿回收率在设计值和"三率"最低标准值之间的为第二等级;选矿回收率低于"三率"最低标准值的为第三等级。

④低品位矿利用率。定量正向指标。取调查矿山低品位矿利用率最高的矿山数值作为满意值,记为$C7^{100}$;取调查矿山低品位矿利用率最低的矿山数值作为标准值,记为$C7^0$;评价矿山的低品位矿利用率记为$C7$。

评价矿山的无量纲得分为:

$$\text{score}(C7) = \frac{C7 - C7^0}{C7^{100} - C7^0} \times 100$$

(3)循环利用。

①尾矿利用率。定量正向指标。取调查矿山中尾矿利用率最高的矿山数值作为满意值,记为$C8^{100}$;取调查矿山中尾矿利用率最低的矿山数值作为标准值,记为$C8^0$;评价矿山的尾矿利用率记为$C8$。

评价矿山的无量纲得分为:

$$\text{score}(C8) = \frac{C8 - C8^0}{C8^{100} - C8^0} \times 100$$

②废水循环利用率。定量正向指标。取调查矿山中废水循环利用率最高的矿山数值作为满意值,记为$C9^{100}$;取调查矿山中废水循环利用率最低的矿山数值作为标准值,记为$C9^0$;评价矿山的废水循环利用率记为$C9$。

评价矿山的无量纲得分为:

$$\text{score}(C9) = \frac{C9 - C9^0}{C9^{100} - C9^0} \times 100$$

③废石利用率。定量正向指标。取调查矿山中废石利用率最高的矿山数值作为满意值,记为$C10^{100}$;取调查矿山中废石利用率最低的矿山数值作为标准值,记为$C10^0$;评价矿山的废石利用率记为$C10$。

评价矿山的无量纲得分为:

$$\text{score}(C10) = \frac{C10 - C10^0}{C10^{100} - C10^0} \times 100$$

(4)科技水平。

①技术工艺水平。定性指标,分为"采用《矿产资源节约与综合利用鼓励技术目录》或《矿产资源节约与综合利用先进适用技术推广目录》中的采矿技术工艺或选矿加工技术工艺;未采用《矿产资源节约与综合利用鼓励技术目录》《矿产资源节约与综合利用先进适用技术推广目录》或《矿产资源节约与综合利用淘汰技术目录》中的采矿技术工艺或选矿加工技术工艺生产;采用《矿产资源节约与综合利用淘汰技术目录》中的采矿技术工艺或选矿加工技术工艺"3个等级,在无量纲化的过程中,分别视为100分、80分和0分。

②数控化水平。定性指标,分为"有信息化调度中心和无信息化调度中心"两个等级。在无量纲化的过程中,将有信息化调度中心视为100分,将无信息化调度中心视为0分。

③人均年产矿石量。定量指标,分3个等级。在无量纲化的过程中,将最高级视为100分,第二等级视为60分,第三等级视为0分。人均年产矿石量是全省平均值2倍以上的为第一等级;人均年产矿石量在全省平均值50%~200%之间的为第二等级;人均年产矿石量小于全省平均值50%的为第三等级。

(5)经济社会效益。

①吨矿税金。定量指标,分为3个等级。在无量纲化的过程中,将最高级视为100分,第二等级视为60分,第三等级视为0分。吨矿税金是全省平均值2倍以上的为第一等级;吨矿税金在全省平均值50%~200%之间的为第二等级;吨矿税金小于全省平均值50%的为第三等级。

②人均产值。定量指标,分为3个等级。在无量纲化的过程中,将最高级视为100分,第二等级视为60分,第三等级视为0分。人均产值是全省平均值2倍以上的为第一等级;人均产值在全省平均值50%~200%之间的为第二等级;人均产值小于全省平均值50%的为第三等级。

③单位能耗。定量指标,分为3个等级。在无量纲化的过程中,将最高级视为100分,将第二等级视为60分,第三等级视为0分。单位能耗小于全省平均值50%的为第一等级;单位能耗在全省平均值50%~200%之间的为第二等级;单位能耗是全省平均值2倍以上的为第三等级。

2)露天开采矿山节约集约利用水平评价指标

(1)资源开发利用。

①开采顺序。定量指标。开采顺序是指矿山采矿环节能否严格按照自上而下、分台阶开采的顺序开采。符合此要求的,记为100分;不符合的,记为0分。

②台阶参数。定量指标。台阶参数是指开采台阶的宽度、高度及坡角能否严格按照开发利用方案执行。每一项都符合开发利用方案要求的,记为100分;有1项或多项不符合的,记为0分。

③产能偏离度。定量指标,分为3个等级。在无量纲化的过程中,将最高级视为100分,第二等级视为60分,第三等级视为0分。矿山产能利用率在70%~130%之间的为合理值;产能利用率在30%~70%或130%~170%之间的为不合理值;产能利用率小于30%或大于170%的为极端不合理值。

④开采回采率。定量指标,分为3个等级。在无量纲化的过程中,将最高

级视为100分,第二等级视为60分,第三等级视为0分。开采回采率达到或超过设计值的为第一等级;开采回采率在设计值和"三率"最低标准值之间的为第二等级;开采回采率低于"三率"最低标准值的为第三等级。

(2)生态环境保护。

①粉尘防治。定量指标。矿山每月需要进行一次粉尘浓度检测。年度12次检测达标,该年度粉尘防治即为达标;有1次或1次以上检测不达标,该年度粉尘防治即为不达标。在无量纲化的过程中,将矿山粉尘达标视为100分,将不达标视为0分。

②边开采边治理。定量指标。矿山严格按照恢复治理方案对开采活动造成的破坏、已形成的终了边坡等及时进行恢复治理的,记为100分;不合格的,记为0分。

③有机表土剥离存放。定量指标。反映最上层的有机表土是否进行单独剥离,并按要求妥善保存。在无量纲化的过程中,将妥善保存视为100分,将没按要求存放视为0分。

(3)循环利用。

①废水循环利用率。定量正向指标,取调查矿山中废水循环利用率最高的矿山数值作为满意值,记为$C8^{100}$;取调查矿山中废水循环利用率最低的矿山数值作为标准值,记为$C8^0$;评价矿山的废水循环利用率记为$C8$。

评价矿山的无量纲得分为:

$$\text{score}(C8) = \frac{C8 - C8^0}{C8^{100} - C8^0} \times 100$$

②废石利用率。定量正向指标,取调查矿山中废石利用率最高的矿山数值作为满意值,记为$C9^{100}$;取调查矿山中废石利用率最低的矿山数值作为标准值,记为$C9^0$;评价矿山的废石利用率记为$C9$。

评价矿山的无量纲得分为:

$$\text{score}(C9) = \frac{C9 - C9^0}{C9^{100} - C9^0} \times 100$$

③尾泥(砂)利用率。定量正向指标,取调查矿山中尾泥(砂)利用率最高的矿山数值作为满意值,记为$C10^{100}$;取调查矿山中尾泥(砂)利用率最低的矿山数值作为标准值,记为$C10^0$;评价矿山的尾泥(砂)利用率记为$C10$。

评价矿山的无量纲得分为:

$$\text{score}(C10) = \frac{C10 - C10^0}{C10^{100} - C10^0} \times 100$$

(4)科技水平。

①技术工艺水平。定性指标,分为"采用《矿产资源节约与综合利用鼓励技术目录》或《矿产资源节约与综合利用先进适用技术推广目录》中的采矿技术工艺或选矿加工技术工艺;未采用《矿产资源节约与综合利用鼓励技术目录》《矿产资源节约与综合利用先进适用技术推广目录》或《矿产资源节约与综合利用淘汰技术目录》中的采矿技术工艺或选矿加工技术工艺生产;采用《矿产资源节约与综合利用淘汰技术目录》中的采矿技术工艺或选矿加工技术工艺"3个等级,在无量纲化的过程中,分别视为100分、80分和0分。

②数控化水平。定性指标,分为"有信息化调度中心和无信息化调度中心"两个等级,在无量纲化的过程中,将有信息化调度中心视为100分,将无信息化调度中心视为0分。

③人均年产矿石量。定量指标,分为3个等级。在无量纲化的过程中,将最高级视为100分,第二等级视为60分,第三等级视为0分。人均年产矿石量是全省平均值2倍以上的为第一等级;人均年产矿石量在全省平均值50%～200%之间的为第二等级;人均年产矿石量小于全省平均值50%的为第三等级。

(5)经济社会效益。

①吨矿税金。定量指标,分为3个等级。在无量纲化的过程中,将最高级视为100分,第二等级视为60分,第三等级视为0分。吨矿税金是全省平均值2倍以上的为第一等级;吨矿税金在全省平均值50%～200%之间的为第二等级;吨矿税金小于全省平均值50%的为第三等级。

②人均产值。定量指标,分为3个等级。在无量纲化的过程中,将最高级视为100分,第二等级视为60分,第三等级视为0分。人均产值是全省平均值2倍以上的为第一等级;人均产值在全省平均值50%～200%之间的为第二等级;人均产值小于全省平均值50%的为第三等级。

③单位能耗。定量指标,分为3个等级。在无量纲化的过程中,将最高级视为100分,第二等级视为60分,第三等级视为0分。单位能耗小于全省平均值50%的为第一等级;单位能耗在全省平均值50%～200%之间的为第二等级;单位能耗是全省平均值2倍以上的为第三等级。

4.1.3 标准值计算

(1)地下开采矿山指标项标准值计算。

本次共调研了 103 座矿山,其中地下开采矿山 47 座,露天开采矿山 56 座。其中,有 8 家地下开采矿山(常山县新昌乡岩前萤石矿、青田县新兴铅锌有限公司孙坑洪岩头铅锌矿、青田隆泰钼业有限公司、龙游县东山矿业有限公司、浙江巨化化工矿业有限公司灵山矿区、龙游县庙下马坞铜矿、遂昌县湖山香炉岗萤石矿及青田丰门蜡石有限公司叶蜡石矿)因长期停产或整修,不能提供较为完善的数据。能够计算出标准值的地下矿山共计 39 家。

根据上文所建立的指标项标准值的计算方法,再结合矿山调研数据,我们可以计算出指标项的标准值。矿山具体指标实际值和标准值见表 4-1。

(2)露天开采矿山指标项标准值计算。

本次共调研了露天开采矿山 56 座。其中,有 3 家矿山(淳安县威坪镇黄石潭村饰面花岗岩矿、常山南方水泥有限公司页岩矿和常山县芸村镇金马蜡石矿)因长期停产或正在筹建而不能提供有效数据。能够计算指标项标准值的矿山共计 53 家。

根据上文所建立的指标项标准值的计算方法,再结合矿山调研数据,我们可以计算出指标项的标准值。矿山具体指标实际值和标准值见表 4-2。

4.2 确立指标项权重程序

4.2.1 权重确立方法

评价利用水平有许多方法,如层次分析法(AHP 法)、主成分分析法、德尔菲法(Delphi 法)、灰色关联度法等,本次报告中运用层次分析法和德尔菲法相结合的办法对矿产资源节约集约利用水平进行全面评价。

(1)运用层次分析法(AHP 法)进行科学分析。

层次分析法是美国运筹学家匹兹堡大学教授萨蒂于 20 世纪 70 年代初,在为美国国防部进行"根据各个工业部门对国家福利的贡献大小而进行电力分配"研究时,应用网络系统理论和多目标综合评价方法提出的一种层次权重决策分析方法。该方法将与决策有关的因素划分成目标、准则、方案等层次,在

4 评价指标项标准值与权重的确立

表 4-1 地下开采矿山指标项标准值

序号	矿山名称	采矿许可证编号	开发利用方案执行 C1		治理恢复方案执行 C2		规范开采 B1 产能偏离度 C3			
			是否一致	标准值得分	是否达标	标准值得分	设计值	实际值	标准值得分	
1	浙江兰溪昌金矿业柏社乡岭坑山萤石矿	C3300002010066110069202	一致	100	达标	100	15	11.75	100	
2	绍兴平铜(集团)有限公司绍兴铜都矿业有限公司	C3300002010103220080200	一致	100	达标	100	20	23	100	
3	浙江省佳和矿业集团有限公司龙泉铅锌矿	C3300002009043220011869	一致	100	达标	100	9.9	5	60	
4	浙江省遂昌县湖山萤石矿	C3300002009066130025091	一致	100	达标	100	8	8	100	
5	浙江省遂昌县标岱口乡横坑坪萤石矿	C3300002011066110115182	一致	100	达标	100	15	15.22	100	
6	浙江省遂昌金矿有限公司	C3300002017067110144853	一致	100	达标	100	9.18	9.18	100	
7	青田县石平川钼矿区横坑口段钼矿	C3300002008073120000007	一致	100	达标	100	5	0.2	0	
8	浙江省青田县石平川钼矿集中开采区乌岩尖矿段钼矿	C3300002011123110121548	一致	100	达标	100	8	2.8929	60	
9	浙江鑫鸿铜业有限公司	C3300002011033120108707	一致	100	达标	100	8.5	0.445	0	

· 53 ·

续表 4-1

序号	矿山名称	采矿许可证编号	规范开采 B1							
			开发利用方案执行 C1		治理恢复方案执行 C2		产能偏离度 C3			
			是否一致	标准值得分	是否达标	标准值得分	设计值	实际值	标准值得分	
10	浙江省联众矿业有限公司青田县黄垟乡85号西块段铜矿	C3300002008093130000781	一致	100	达标	100	3.5	1.105	60	
11	浙江省松阳金山矿业有限公司板桥铜矿	C3300002009073220029566	一致	100	达标	100	4.5	4.34	100	
12	松阳天工钼业有限公司象溪镇鲁峰钼矿	C3300002010123120103077	一致	100	达标	100	3	3	100	
13	遂昌县湖山白坛下萤石矿	C3300002010056130065086	一致	100	达标	100	3	3	100	
14	青田凯圣矿业开发有限公司	C3300002010113120082159	一致	100	达标	100	5	1.093	0	
15	杭州富阳金鑫矿业有限公司铜山铅锌矿	C3300002010123220087946	一致	100	达标	100	6	6	100	
16	杭州建德铜集团有限公司建德铜矿	C3300002010103120077952	一致	100	达标	100	10.23	10.08	100	
17	淳安县千富矿业有限公司黄岩坞铅锌矿	C3300002010093130076043	一致	100	达标	100	1.2	0.175	0	
18	浙江省诸暨七湾矿业有限公司铅锌矿	C3300002009113220043962	一致	100	达标	100	4.65	4.65	100	

续表 4－1

序号	矿山名称	采矿许可证编号	规范开采 B1						
			开发利用方案执行 C1		治理恢复方案执行 C2		产能偏离度 C3		
			是否一致	标准值得分	是否达标	标准值得分	设计值	实际值	标准值得分
19	建德市乾潭芦茨萤石矿	C3300002010056120064183	一致	100	达标	100	1	0.875	100
20	建德市新安江萤石矿	C3300002009116120046077	一致	100	达标	100	1.2	1.2	100
21	富阳市湖源乡塔鸡坞村萤石矿	C3300002012076110126965	一致	100	达标	100	3	3	100
22	临安市新桥刘余萤石矿	C3300002011046130110913	一致	100	达标	100	8	4.554	60
23	诸暨市璜山镇寺下萤石矿	C3300002010016120055406	一致	100	达标	100	1	0.744	100
24	诸暨市新民佛石矿	C3300002010061206079905	一致	100	达标	100	1	0.73	100
25	嵊州市福源矿产有限公司三溪萤石矿	C3300002009036220006479	一致	100	达标	100	3	3	100
26	浙江省东阳市矿业有限责任公司忠信萤石矿	C3300002009116120042470	一致	100	达标	100	1.5	1.5	100
27	浙江省东阳市矿业有限责任公司佐村萤石矿	C3300002009126120046100	一致	100	达标	100	1	1	100
28	开化县张湾乡罩头村鸡公岩萤石矿	C3300002011096110119618	一致	100	达标	100	3	0.28	0
29	仙居县步路乡下垓萤石矿	C3300002013076110130710	一致	100	达标	100	2.8	1.634	60
30	仙居县华堂矿业有限公司羊平乌萤石矿	C3300002010061200077948	一致	100	达标	100	3	2.198	100

续表 4-1

序号	矿山名称	采矿许可证编号	规范开采 B1						
			开发利用方案执行 C1		治理恢复方案执行 C2		产能偏离度 C3		
			是否一致	标准值得分	是否达标	标准值得分	设计值	实际值	标准值得分
31	云和县华鑫矿业有限公司柿树坳萤石矿	C3300002010126210103079	一致	100	达标	100	1	1	100
32	缙云县兴华莹石矿业有限公司庙下萤石矿	C3300002011036110108384	一致	100	达标	100	1.1	1.1	100
33	浙江省缙云县七里乡龙脚萤石矿	C3300002010161110114314	一致	100	达标	100	1.1	1.1	100
34	浙江省遂昌县三仁乡坑口萤石矿	C3300002010061110066488	一致	100	达标	100	10	6.386	60
35	遂昌德氟矿业有限公司内久尖萤石矿	C3300002009066120025094	一致	100	达标	100	3.5	2.317	60
36	浙江省遂昌县云峰镇处坞萤石矿	C3300002011066110115183	一致	100	达标	100	5	3.92	100
37	龙泉市硼矿有限责任公司	C3300002009061200003131	一致	100	达标	100	16	16	100
38	仙居县杰然萤矿业有限公司	C3300002011161200082945	一致	100	达标	100	1	1.776	0
39	绍兴漓铁矿业有限公司	C3300002011022220106008	一致	100	达标	100	100	98.6	100

表4-2 露天开采矿山指标项标准值

序号	矿山名称	采矿许可证编号	生产状态	开采顺序 C1		台阶参数 C2		资源开发利用 B1				开采回采率 C4		
								产能偏离度 C3						
				是否合格	标准值得分	是否达标	标准值得分	设计值	实际值	产能利用率	标准值得分	设计值	实际值	标准值得分
1	龙泉市查田镇东皇铁矿	C3300000014 08211101335206	生产	合格	100	达标	100	85	60	70.59	100	95	100	100
2	青田周村雕刻石有限公司叶腊石矿	C3300000010 12711008637	生产	合格	100	达标	100	5	2.737	54.74	60	92	100	100
3	浙江长广(集团)有限责任公司长广水泥分公司(葡萄山矿)	C3300000009 03712000634	生产	合格	100	达标	100	70	78.93	112.76	100	99	99	100
4	湖州南方矿业有限公司小石山石灰石矿	C3305222013 05713012997	生产	合格	100	达标	100	60	77.7	129.5	100	96	99	100
5	上海长兴石灰石矿	C3300000008 08712000074	生产	合格	100	达标	100	150	99.08	66.05	60	100	99.5	100
6	湖州南方矿业有限公司狮子山石灰石矿	C3305222013 05713012997	生产	合格	100	达标	100	100	156.32	156.32	60	96	99	100
7	长兴县煤山镇玉通村老虎塘水泥用石灰岩矿	C3300000014 08713013505	生产	合格	100	达标	100	160	335.94	209.96	0	96	99	100
8	长兴县煤山镇玉通村船茅水泥用石灰岩矿	C3300000014 08713013505	生产	合格	100	达标	100	100	105.92	105.92	100	96	99	100
9	长兴县李家巷镇石泉村石山水泥用石灰岩矿	C3305222017 06713014465	筹建	合格	100	达标	100	230	2.5	1.09	0	96	99	100

续表 4-2

序号	矿山名称	采矿许可证编号	生产状态	开采顺序 C1		台阶参数 C2		资源开发利用 B1						
								产能偏离度 C3				开采回采率 C4		
				是否合格	标准值得分	是否达标	标准值得分	设计值	实际值	产能利用率	标准值得分	设计值	实际值	标准值得分
10	长兴县李家巷镇青草坞村龙井山水泥用灰岩矿	C3305222012107130127516	生产	合格	100	达标	100	100	52.72	52.72	60	95	99	100
11	长兴县白岘乡访贤村干井洛水泥用石灰岩矿	C3300002015047130137939	生产	合格	100	达标	100	120	118.91	99.09	100	99	99	100
12	长兴锦龙矿业有限公司凉帽山石灰岩矿	C3300002008107120001053	生产	合格	100	达标	100	210	289.3	137.76	60	99	99	100
13	桐庐南方水泥有限公司同苑石灰岩矿	C3300002011087120117568	生产	合格	100	达标	100	204	204	100	100	97	99	100
14	桐庐红狮水泥有限公司高山石灰岩矿	C3300002008097120000869	生产	合格	100	达标	100	150	230	153.33	60	95	99	100
15	建德市三狮矿业有限公司安溪坪石灰岩矿	C3300002008077120000128	筹建	合格	100	达标	100	200	73.59	36.80	60	99	98	100
16	建德红狮水泥有限公司童家石灰石	C3300002011047120110817	生产	合格	100	达标	100	300	430	143.33	60	93	99	100
17	杭州山亚南方水泥有限公司大同石灰岩矿	C3300002009047120010335	生产	合格	100	达标	100	210	230	109.52	100	100	100	100
18	杭州富阳钱潮建材有限公司里坞水泥用石灰岩矿	C3300002008077120000040	生产	合格	100	达标	100	200	200	100	100	97	100	100

4 评价指标项标准值与权重的确立

续表 4-2

序号	矿山名称	采矿许可证编号	生产状态	开采顺序 C1 是否合格	开采顺序 C1 标准值得分	台阶参数 C2 是否达标	台阶参数 C2 标准值得分	资源开发利用 B1 / 产能偏离度 C3 设计值	产能偏离度 C3 实际值	产能偏离度 C3 产能利用率	产能偏离度 C3 标准值得分	开采回采率 C4 设计值	开采回采率 C4 实际值	开采回采率 C4 标准值得分
19	富阳市坞口东夹岭石矿	C3301832010 0971300075994	生产	合格	100	达标	100	129.8	129.8	100	100	100	100	100
20	湖州南方矿业有限公司大煤山石灰石矿	C3300002009 1171200044281	生产	合格	100	达标	100	280	650.66	232.38	0	96	99	100
21	浙江新明华特种水泥有限公司杨家山石灰石矿	C3300002008 1271200017 28	生产	合格	100	达标	100	110	109.82	99.84	100	98	98	100
22	安吉南方水泥有限公司高禹石矿	C3300002009 0371200007434	生产	合格	100	达标	100	150	220	146.67	60	99	100	100
23	浙江台州湾大桥及接线工程三门建筑用石料（凝灰岩矿）	C3310022016 0371201414 32	生产	合格	100	达标	100	382.5	750	196.08	0	95	95	100
24	台州市路桥区南官大道南延工程（BK0+440—BK0+650 螺洋街道南山村建筑用石料（花岗岩）矿）	C3310042017 0771201447 73	生产	合格	100	达标	100	39.39	51.5	130.74	60	95	99	100
25	台州市路桥飞龙湖生态区民主小山头生态环境综合整治工程	C3310002014 0771301346 83	生产	合格	100	达标	100	83.85	58.27	69.49	60	95	99	100
26	舟山金塘北部开发建设项目岛涂工程定海金塘沥平社区鱼龙山建筑用石料（岩礁）	C3300002013 0371201292 13	生产	合格	100	达标	100	400	351.21	87.80	100	95	98	100

续表4-2

序号	矿山名称	采矿许可证编号	生产状态	开采顺序C1 是否合格	开采顺序C1 标准值得分	台阶参数C2 是否达标	台阶参数C2 标准值得分	产能偏离度C3 设计值	产能偏离度C3 实际值	产能偏离度C3 产能利用率	产能偏离度C3 标准值得分	开采回采率C4 设计值	开采回采率C4 实际值	开采回采率C4 标准值得分
27	温州市龙湾区瑶溪镇岭底建筑石料整合矿	C3300002011 0771130115605	生产	合格	100	达标	100	200	140.1	70.05	100	95	99	100
28	宁波市鄞州区塘溪镇塘头村兰花山普通建筑石料矿	C3302122012 0471130124484	生产	合格	100	达标	100	80	112.36	140.45	60	95	99.9	100
29	浙江省宁波市鄞州区瞻岐镇合一村凤凰山矿区建筑用石料（凝灰岩）矿	C3300002014 0371130133184	生产	合格	100	达标	100	497	525.16	105.67	100	95	99.9	100
30	浙江省宁波市北仑区白峰镇郭巨长坑整合矿区建筑用石料矿	C3300002010 1071200792245	生产	合格	100	达标	100	1300	74.46	5.73	0	95	98	100
31	浙江省宁波市鄞州区高桥镇岐湖村双岙建筑用石料（凝灰岩）矿	C3300002012 1171130127861	生产	合格	100	达标	100	315	568.57	180.5	0	95	99.9	100
32	宁波市鄞州区高桥镇岐湖集中开采区建筑用石料矿	C3300002010 0271130056708	生产	合格	100	达标	100	320	200.96	62.8	60	95	99.9	100
33	宁波市鄞州区鄞江镇梅园村同子洋普通建筑石料矿	C3302122012 0771130126152	生产	合格	100	达标	100	30	53.12	177.07	0	95	99.9	100
34	宁波市北仑区春晓镇干岙茅洋山建筑用石料（岩渣）矿	C3302122009 0371130007998	生产	合格	100	达标	100	412	514	124.76	100	95	98	100
35	台州市黄岩区沙埠镇栅溪建筑用石料（凝灰岩）矿	C3310002014 0771130135018	生产	合格	100	达标	100	71.53	88.45	123.65	100	95	99	100

续表 4-2

序号	矿山名称	采矿许可证编号	生产状态	开采顺序 C1 是否合格	开采顺序 C1 标准值得分	台阶参数 C2 是否达标	台阶参数 C2 标准值得分	资源开发利用 B1 / 产能偏离度 C3 设计值	资源开发利用 B1 / 产能偏离度 C3 实际值	资源开发利用 B1 / 产能偏离度 C3 产能利用率	资源开发利用 B1 / 产能偏离度 C3 标准值得分	开采回采率 C4 设计值	开采回采率 C4 实际值	开采回采率 C4 标准值得分
36	浙江台州市黄岩区高桥街道邬家岙村建筑用石料(凝灰岩)矿	C3310032012117130127550	生产	合格	100	达标	100	40.43	32.58	80.58	100	95	99	100
37	湖州市杨家埠建筑用石料杨庄村妙山建筑用石料(凝灰岩)矿	C3305002015117130140446	生产	合格	100	达标	100	99	353.57	357.14	0	95	99.5	100
38	长兴县和平镇和平村油山建筑用石料(凝灰岩)矿	C330000201309713013136	生产	合格	100	达标	100	200	262.39	131.20	60	95	99	100
39	湖州市吴兴区道场乡驼山坞建筑用石料(凝灰岩)矿	C3305002013067130130313	生产	合格	100	达标	100	99	165.14	166.81	60	95	99.5	100
40	湖州市里鱼山矿业有限公司吴兴区大山顶矿区	C3305002011017130104945	生产	合格	100	达标	100	90	30.2	33.56	60	95	99.5	100
41	湖州市吴兴区妙西镇龙泉建筑用砂岩矿	C3305002014097130135385	生产	合格	100	达标	100	300	331.5	110.50	100	95	99	100
42	湖州新开元碎石有限公司(建筑用石矿)	C3300002009017120002671	生产	合格	100	达标	100	400	454.6	113.65	100	95	99.5	100
43	湖州市菱湖东林镇平山矿区	C3300002009077120029129	生产	合格	100	达标	100	460	535.7	116.46	100	95	99.5	100
44	湖州市杨家埠镇茅斗园村戚家山矿区	C3300002009087120033680	生产	合格	100	达标	100	300	625.46	208.49	0	95	99	100

浙江省矿产资源节约集约利用水平评价指标体系研究

续表 4-2

序号	矿山名称	采矿许可证编号	生产状态	开采顺序 C1		台阶参数 C2		资源开发利用 B1				开采回采率 C4		
								产能偏离度 C3						
				是否合格	标准值得分	是否达标	标准值得分	设计值	实际值	产能利用率	标准值得分	设计值	实际值	标准值得分
45	杭州富阳宏升建材有限公司江洲村砂岩矿	C3300002010 02713005552 3	生产	合格	100	达标	100	926.84	926.84	100	100	96	100	100
46	富阳板壁山脱硫用石灰岩矿	C3300002009 08612003115 1	生产	合格	100	达标	100	255	255	100	100	95	98	100
47	建德海螺水泥有限责任公司山石灰石矿	C3300002010 11712008119 5	生产	合格	100	达标	100	450	512.86	113.97	100	98	98	100
48	巨化集团建德矿业有限公司码头石灰岩矿区燕山矿段	C3300002009 12712005045 2	生产	合格	100	达标	100	280	185	66.07	60	99	99	100
49	浙江松阳明石矿业有限公司峰洞岩、大樟源高岭土矿	C3300002011 02713010602 1	生产	合格	100	达标	100	16.62	16.62	100	100	95	78	0
50	建德市大岩山石矿	C3300002008 07712000012 9	生产	合格	100	达标	100	70	91.4	130.57	60	95	95	100
51	常山县大桥头新方新村页岩矿	C3308222011 11713012037 2	生产	合格	100	达标	100	16.8	1.62	9.64	0	95	96	100
52	常山南方水泥有限公司辉埠石灰岩矿	C3300002011 01712010524 0	生产	合格	100	达标	100	350	586.77	167.65	60	98	99	100
53	常山县宋畈方夏家石灰石厂	C3308222009 10713003838 5	生产	合格	100	达标	100	48	10.676	22.24	0	95	95	100

此基础上通过定性和定量分析进行决策,其特点是在对复杂决策问题的本质、影响因素及其内在关系等进行深入分析的基础上,利用较少的定量信息使决策的思维过程数学化,从而较好地解决多目标、多准则或无结构特性的复杂决策问题,尤其适合于对决策结果难以直接准确计量的场合。

此方法是通过系统分析将复杂的问题分成若干有序的层次,对每一层次的相关因素进行比较判断,定量化各因素的相对重要性,利用数学方法决定因素重要性的次序,并进行一致性检验,以保证评价者思维判断的准确性。其目的是根据下一层元素对上一层元素的相对重要性分别赋予相应的权重。

按照层次分析法,通过对矿产资源节约集约利用能力各指标的评价分析,把体系分为3个层次。有一个总体目标层,体系可以通过指标权重和当前矿山在该指标的客观得分获得当前矿山节约集约利用能力水平的总体评价分值,然后根据总体评价分值来衡量矿山节约集约利用水平。评价分值越高,则矿山节约集约利用水平越强。

(2)使用德尔菲法(Delphi法)进行指标权重测算。

德尔菲法是在20世纪40年代由O.赫尔姆和N.达尔克首创,经过T.J.戈尔登和兰德公司进一步发展而成的。德尔菲这一名称起源于古希腊有关太阳神阿波罗的神话。传说中阿波罗具有预见未来的能力。因此,这种预测方法被命名为德尔菲法。1946年,兰德公司首次用这种方法来进行预测,后来该方法被迅速广泛采用。

德尔菲法也称专家调查法,是一种采用通信方式分别将所需解决的问题单独发送到各个专家手中,征询意见,然后回收汇总全部专家的意见,并整理出综合意见。随后将该综合意见和预测问题再分别反馈给专家,再次征询意见,各专家依据综合意见修改自己原有的意见,然后再汇总。这样多次反复,逐步取得比较一致的预测结果的决策方法。

德尔菲法依据系统的程序,采用匿名发表意见的方式,即专家之间不得互相讨论,不发生横向联系,只能与调查人员发生关系。问卷所提问题的看法,经过反复征询、归纳、修改,最后汇总成专家基本一致的看法,作为预测的结果,这种方法具有广泛的代表性,较为可靠。

按照德尔菲法,请多位在本领域有理论、有经验的专家确定了目标层、系统层和指标层相邻层次之间元素的相关程度。

4.2.2 权重确立步骤

1)建立层级结构

用专家咨询法,邀请了地质勘查、采矿、选矿和科研企事业单位和矿政管理单位等不同专业不同单位的专家对矿产资源节约集约利用水平考核指标体系中的层次和表达要素进行构造。

综合结果,指标体系的层次结构指标体系由概略渐趋细化,分为目标层—系统层—指标层3个层次。目标层综合表达矿产资源节约集约利用水平指标能力,反映总体的使命和目标;系统层表达资源利用水平,地下开采矿山分为规范开采、矿产资源利用、循环利用、科技水平、经济社会效益五大类,露天开采矿山分为资源开发利用、生态环境保护、循环利用、科技水平、经济社会效益五大类;指标层是最为基层的要素,地下开采矿山和露天开采矿山评价指标体系均包含16项指标。

2)构造判断矩阵

为了比较各因素两两之间的重要性,对判断矩阵 A 的元素 a_{ij} 引入 Saaty(层次分析法和网络程序法创始人)给出的 1~9 级标度值,其定义如表 4-3 所示,通过专家的指导构造判断矩阵,7 个系统层对目标层的判断矩阵记为矩阵 A,21 个指标层对 7 个系统层的判断矩阵分别记为 B_i($i=1,2,3,4,5,6,7$)。

表 4-3 比例值标度

标度 a_{ij}	定义
1	i 因素与 j 因素同等重要
3	i 因素比 j 因素略重要
5	i 因素比 j 因素较重要
7	i 因素比 j 因素非常重要
9	i 因素比 j 因素绝对重要
2,4,6,8	为以上判断之间的中间状态对应的标度值
倒数	若 i 因素与 j 因素比较,得到判断值为 $a_{ji}=1/a_{ij}$,$a_{ii}=1$

4 评价指标项标准值与权重的确立

本项目向 40 位省内外专家发放了权重打分调研表,共收回 36 份指标项权重打分信息。本报告的评价指标项就是根据这 36 份打分信息表来计算的。

下面,以其中某位专家的权重打分表为例,演示说明构造判断矩阵的流程与方法。

以下为地下开采矿山评价体系判断矩阵:

$$A = \begin{bmatrix} 1 & 1 & 3 & 5 & 7 \\ 1 & 1 & 3 & 5 & 7 \\ 1/3 & 1/3 & 1 & 3 & 5 \\ 1/5 & 1/5 & 1/3 & 1 & 3 \\ 1/7 & 1/7 & 1/5 & 1/3 & 1 \end{bmatrix}$$

$$B_1 = \begin{bmatrix} 1 & 3 & 6 \\ 1/3 & 1 & 3 \\ 1/6 & 1/3 & 1 \end{bmatrix}$$

$$B_2 = \begin{bmatrix} 1 & 3 & 6 & 6 \\ 1/3 & 1 & 3 & 3 \\ 1/6 & 1/3 & 1 & 1 \\ 1/6 & 1/3 & 1 & 1 \end{bmatrix}$$

$$B_3 = \begin{bmatrix} 1 & 1/3 & 4 \\ 3 & 1 & 7 \\ 1/4 & 1/7 & 1 \end{bmatrix}$$

$$B_4 = \begin{bmatrix} 1 & 4 & 1 \\ 1/4 & 1 & 1/3 \\ 1 & 3 & 1 \end{bmatrix}$$

$$B_5 = \begin{bmatrix} 1 & 7 & 1 \\ 1/7 & 1 & 1/5 \\ 1 & 5 & 1 \end{bmatrix}$$

(1)层次单排序及其一致性检验。

我们把判断矩阵最大特征根记为 $\lambda_{\max}$。引入判断矩阵的一致性指标 CI 来检查人们判断思维的一致性,即

$$CI = \frac{\lambda_{\max} - n}{n - 1}$$

当 $\lambda_{max}=n$ 时,CI=0,判断矩阵完全一致;CI 值越大,判断矩阵的完全一致性越差。一般认为 CI<0.1 时,可以接受判断矩阵通过一致性检验,否则需要重新调整和修正判断矩阵。

引入 Saaty 给出的随机一致性指标 RI(表 4-4),构建更为合理的一致性比率 CR 来衡量判断矩阵的一致性,当 CR<0.1 时,判断矩阵的不一致程度可以接受,一致性检验通过,可以将其归一化的特征向量作为权重向量。

表 4-4 平均随机一致性指标 RI 标准值

n	1	2	3	4	5	6	7	8	9	10	11
RI	0	0	0.58	0.90	1.12	1.24	1.32	1.41	1.45	1.49	1.51

当 $n<3$ 时,判断矩阵永远具有完全一致性。判断矩阵的一致性指标 CI 与同阶平均随机一致性指标 RI 之比称为随机一致性比率,记作 CR,即

$$CR=\frac{CI}{RI}$$

当 CR<0.1 时,判断矩阵的不一致程度可以接受,一致性检验通过,可以将其归一化的特征向量作为权重向量。

示例中该专家的每个矩阵的 CR 值如下:

CRA=0.030 3;CRB1=0.017 6;CRB2=0.007 7;CRB3=0.031 1;CRB4=0.008 8;CRB5=0.012 1。所有矩阵均通过单层一致性检测。从最高层向最低层逐层确定下一层次相对上一层次的权重,计算指标层对目标层的总权重。

(2)矿产资源节约集约利用水平评价指标权重确定。

根据特征根法计算相对权重,具体步骤如下。

①系统层相对于目标层的权重计算:

系统层相对于目标层的判断矩阵

$$A=\begin{bmatrix} 1 & 1 & 3 & 5 & 7 \\ 1 & 1 & 3 & 5 & 7 \\ 1/3 & 1/3 & 1 & 3 & 5 \\ 1/5 & 1/5 & 1/3 & 1 & 3 \\ 1/7 & 1/7 & 1/5 & 1/3 & 1 \end{bmatrix}$$

根据特征方程 $|\lambda A-E|=0$(其中 E 是与 A 相同维数的单位矩阵),A 的最

大特征值 $\lambda_{A,\max}=5.1357$,对应的归一化后的特征方程,即系统层对于目标层的权重

$$W_{BA} = [0.3638 \quad 0.3638 \quad 0.1588 \quad 0.0753 \quad 0.0383]^T$$

②指标层 $C1$ 相对系统层 $B1$ 的判断矩阵：

$$B1 = \begin{bmatrix} 1 & 3 & 6 \\ 1/3 & 1 & 3 \\ 1/6 & 1/3 & 1 \end{bmatrix}$$

$B1$ 的最大特征值 $\lambda_{B1,\max}=3.0183$,对应的归一化后的特征方程,即指标层 $C1$ 对于系统层 $B1$ 的权重

$$W_{C1B1} = [0.6548 \quad 0.2499 \quad 0.0953]^T$$

③指标层 $C4$ 相对系统层 $B2$ 的判断矩阵：

$$B2 = \begin{bmatrix} 1 & 3 & 6 & 6 \\ 1/3 & 1 & 3 & 3 \\ 1/6 & 1/3 & 1 & 1 \\ 1/6 & 1/3 & 1 & 1 \end{bmatrix}$$

$B2$ 的最大特征值 $\lambda_{B2,\max}=4.0206$,对应的归一化后的特征方程,即指标层 $C4$ 对于系统层 $B2$ 的权重

$$W_{C4B2} = [0.5850 \quad 0.2388 \quad 0.0881 \quad 0.0881]^T$$

④指标层 $C8$ 相对系统层 $B3$ 的判断矩阵：

$$B3 = \begin{bmatrix} 1 & 1/3 & 4 \\ 3 & 1 & 7 \\ 1/4 & 1/7 & 1 \end{bmatrix}$$

$B3$ 的最大特征值 $\lambda_{B3,\max}=3.30324$,对应的归一化后的特征方程,即指标层 $C8$ 对于系统层 $B3$ 的权重

$$W_{C8B3} = [0.2628 \quad 0.6568 \quad 0.0786]^T$$

⑤指标层 $C11$ 对系统层 $B4$ 的判断矩阵：

$$B4 = \begin{bmatrix} 1 & 4 & 1 \\ 1/4 & 1 & 1/3 \\ 1 & 3 & 1 \end{bmatrix}$$

$B4$ 的最大特征值 $\lambda_{B4,\max}=3.0092$,对应的归一化后的特征方程,即指标层 $C11$ 对于系统层 $B4$ 的权重

$$W_{C11B4} = [0.457\ 9\quad 0.126\ 0\quad 0.416\ 1]^T$$

⑥指标层 $C14$ 相对系统层 $B5$ 的判断矩阵：

$$B5 = \begin{bmatrix} 1 & 7 & 1 \\ 1/7 & 1 & 1/5 \\ 1 & 5 & 1 \end{bmatrix}$$

$B5$ 的最大特征值 $\lambda_{B5,\max} = 3.012\ 6$，对应的归一化后的特征方程，即指标层 $C14$ 对于系统层 $B5$ 的权重

$$W_{C14B5} = [0.486\ 9\quad 0.077\ 8\quad 0.435\ 3]^T$$

根据各判断矩阵，采用层次分析法依次确定各层的权重，将目标层的总权重设为100。计算出某位专家确定的地下开采矿山评价指标项权重，见表4-5。其他35位专家打分信息也按照此流程计算处理。

表4-5 地下开采矿山矿产资源节约集约利用水平评价指标权重

目标层	系统层	系统层相对目标层权重	指标层	指标层相对系统层权重	指标层相对目标层权重
地下开采矿山矿产资源节约集约利用水平评价指标体系 A	规范开采 B1	36.38	开发利用方案执行 C1	65.48	23.821 62
			治理恢复方案执行 C2	24.99	9.091 362
			产能偏离度 C3	9.53	3.467 014
	矿产资源利用 B2	36.38	开采回采率 C4	58.5	21.282 3
			选矿回收率 C5	23.88	8.687 544
			共伴生矿产资源综合利用率 C6	8.81	3.205 078
			低品位矿利用率 C7	8.81	3.205 078
	循环利用 B3	15.88	尾矿利用率 C8	26.28	4.173 264
			废水循环利用率 C9	65.86	10.458 57
			废石利用率 C10	7.86	1.248 168
	科技水平 B4	7.53	技术工艺水平 C11	45.79	3.447 987
			数控化水平 C12	12.6	0.948 78
			人均年产矿石量 C13	41.61	3.133 233
	经济社会效益 B5	3.83	吨矿税金 C14	48.69	1.864 827
			人均产值 C15	7.78	0.297 974
			单位能耗 C16	43.53	1.66 7199

重复权重确立的步骤,对 36 位专家的地下开采矿山、露天开采矿山和县(市、区)评价体系指标权重进行计算。

4.2.3 筛选权重一致性检测

为了保证权重计算的科学与严谨,在计算权重之前,按照上文提到的一致性检验方法,将 36 位专家打分表进行一致性检测。能够通过一致性检测的打分,被视为有效打分,将被用作权重值计算;不能通过一致性检测的打分,被视为无效打分,不参与权重计算。

通过构造判断矩阵,发现 36 位专家权重打分表中,地下开采矿山矿产资源节约集约利用水平评价指标有 26 份全部通过一致性检测。有 10 份未能通过一致性检测,其中有 8 份未能通过系统层的一致性检测,有两份未能通过指标层的一致性检测。有效的地下矿山权重打分表共计 26 份。

露天开采矿山矿产资源节约集约利用水平评价指标有 24 份全部通过一致性检测。有 12 份未通过检测,其中有 10 份未能通过系统层的一致性检测,有两份未能通过指标层的一致性检测。有效的露天矿山权重打分表共计 24 份。

县(市、区)矿产资源节约集约利用水平评价指标有 26 份通过一致性检测。有 12 份均是因为不能通过系统层检测而无效。

4.3 评价指标权重确立

本书权重值计算如上节所述,根据 36 位专家打分结果,将通过一致性检验的打分表进行矩阵化,然后以 100 分为总分来分配各个系统层(B)以及系统层之下的指标层(C)的权重。

4.3.1 地下开采矿山节约集约利用水平评价指标权重

将专家有效权重打分值进行处理,得出 26 位专家地下开采矿山节约集约利用水平指标项权重,并且对权重的小数位进行保留两位数优化,结果见表 4-6。

(1)系统层权重分配值:规范开采 $B1$ 权重值为 21.9;矿产资源利用 $B2$ 权重值为 35.2;循环利用 $B3$ 权重值为 20.8;科技水平 $B4$ 权重值为 13.3;经济社会效益 $B5$ 权重值为 8.8。

表 4-6 地下开采矿山节约集约利用水平评价指标权重

目标层	地下开采矿山矿产资源节约集约利用评价体系 A															
系统层	规范开采 B1		矿产资源利用 B2				循环利用 B3		科技水平 B4			经济社会效益 B5			
指标层	开发利用方案执行 C1	治理恢复方案执行 C2	产能偏离度 C3	开采回采率 C4	选矿回收率 C5	共伴生矿产资源综合利用率 C6	低品位矿利用率 C7	尾矿利用率 C8	废水循环利用率 C9	废石利用率 C10	技术工艺水平 C11	数控化水平 C12	人均年产矿石量 C13	吨矿税金 C14	人均产值 C15	单位能耗 C16
专家序号	指标层相对目标层权重															
1	23.821 62	9.091 362	3.467 014	21.282 3	8.687 544	3.205 078		4.173 264	10.458 57	1.218 168	3.447 987	0.948 78	3.133 233	1.864 827	0.297 974	1.667 199
2	2.036 16	2.036 16	0.407 232	32.127 32	19.793 84	3.660 668	3.738 174	7.089 42	3.096 36	8.114 22	7.350 98	1.208 238	2.980 782	2.593 03	2.593 03	0.864 545
3	26.64	4.44	4.44	22.201 7	6.407 75	3.443 5	3.443 5	6.873 677	2.290 882	1.145 441	8.299 84	2.283 936	1.256 224	2.914 48	2.914 48	0.971 72
4	30.999 91	11.234 81	4.070 649	7.323 75	7.323 75	2.441 25	2.441 25	3.906	11.718	3.906	4.745 556	1.681 404	0.893 04	4.745 556	0.893 04	1.681 404
5	5.69	2.845	2.845	26.259 98	14.336 3	5.103 503	2.354 94	8.225 844	8.225 844	8.225 844	6.128 258	1.930 16	2.431 582	0.898 513	0.898 513	3.593 513
6	1.756	1.756	0.878	11.247 95	11.247 95	6.687 052	4.727 054	6.782	20.346	6.782	9.875	4.037 5	4.037 5	1.606	1.606	4.818
7	0.916	0.916	2.748	23.666 76	14.074 32	8.127 21	4.831 71	3.266 366	5.937 03	10.786 6	3.258	3.258	9.771	1.936 371	5.465 169	1.028 16
8	12.013 27	13.749 83	5.246 892	10.817 23	9.096 375	6.432 55	5.407 025	5.166 15	5.166 15	5.166 15	6.310 3	3.489 75	1.919 95	3.271 725	2.596 401	4.121 874
9	8.862	2.954	2.954	9.818	19.636	9.818	9.818	5.285	10.57	5.285	6.426	2.142	2.142	1.838 694	0.613 041	1.838 694

续表 4-6

目标层	地下开采矿山矿产资源节约集约利用评价体系 A															
系统层	规范开采 B1			矿产资源利用 B2			循环利用 B3			科技水平 B4			经济社会效益 B5			
指标层	开发利用方案执行 C1	治理恢复方案执行 C2	产能偏离度 C3	开采回采率 C4	选矿回收率 C5	共伴生矿产资源综合利用率 C6	低品位矿利用率 C7	尾矿利用率 C8	废水循环利用率 C9	废石利用率 C10	技术工艺水平 C11	数控化水平 C12	人均矿产量 C13	吨矿税金 C14	人均产值 C15	单位能耗 C16
专家序号	指标层相对目标层权重															
10	20.629 62	12.347 3	2.463 08	10.632	10.632	10.632	3.544	9.179 17	1.508 727	3.722 103	5.720 26	2.319 534	0.940 206	2.296	1.148	2.295 937
11	6.859 014	2.430 226	1.290 76	11.542 28	11.542 28	11.542 28	5.773 16	13.436 04	4.068 66	7.395 3	12.721 68	2.545 049	2.545 049	1.577 5	1.577 5	3.155
12	15.807 51	15.807 51	3.161 502	9.925 177	9.925 177	3.463 854	1.895 792	8.998 28	1.489 12	0.862 6	14.746 86	2.202 112	3.291 024	3.413 468	0.959 88	4.046 652
13	24.03	5.7	20.27	4.016 876	3.051 532	2.318 816	3.051 532	3.451 064	0.970 448	0.818 488	2.602 692	1.640 124	6.197 184	7.295 937	7.295 937	7.295 937
14	5.800 7	1.756 55	3.192 75	19.164 53	8.660 386	4.202 622	16.112 46	16.237 13	2.668 803	6.584 067	6.605 69	2.678 571	1.085 739	1.356 075	3.344 25	0.549 675
15	22.975 75	8.140 568	4.323 68	10.316 58	10.316 58	8.675 712	6.134 664	7.775 636	2.354 594	4.279 77	7.489 251	1.796	3.592	0.820 246	2.460 164	2.460 164
16	2.868 216	0.594 152	0.307 632	9.525	9.525	9.525	9.525	7.489 251	7.489 251	3.148	4.566 21	7.489 251	7.489 251	3.295	3.295	6.59
17	8.255 62	4.315 5	1.127 51	15.393 07	15.393 07	13.907 16	5.676 699	21.231 21	3.489 651	8.609 139	4.566 21	4.566 21	4.566 21	0.927 421	1.854 193	3.708 386
18	7.946 983	2.077 57	1.085 447	9.999	9.999	9.999	3.333	9.999	3.148	3.148	4.761 746	1.587 619	4.761 746	3.702 963	3.702 963	3.702 963

续表 4-6

目标层	地下开采矿山矿产资源节约集约利用评价体系 A															
系统层	规范开采 B1			矿产资源利用 B2				循环利用 B3			科技水平 B4			经济社会效益 B5		
指标层	开发利用方案执行 C1	治理恢复方案执行 C2	产能偏离度 C3	开采回采率 C4	选矿回收率 C5	共伴生矿产资源综合利用率 C6	低品位矿利用率 C7	尾矿利用率 C8	废水循环利用率 C9	废石利用率 C10	技术工艺水平 C11	数控化水平 C12	人均产矿石量 C13	吨矿税金 C14	人均产值 C15	单位能耗 C16
专家序号																
19	28	8	4	7.85	5.55	3.3	3.3	6	6	8	4	4	2	7	1	2
20	4.868 896	4.868 896	1.623 344	3.799 545	5.373 36	6.389 645	6.389 645	8.122 95	14.758 06	4.468 99	14.275 85	14.275 85	2.855 169	1.418 084	0.893 25	5.628 666
21	13.021 88	13.021 88	2.603 125	2.603 125	15.623 13	24.998 75	3.123 75	7.142 5	3.571 25	1.786 25	2.343 75	1.562 5	2.343 75	2.604 375	2.083 125	1.562 5
22	6.389 11	2.530 749	1.050 141	4.363 75	4.363 75	13.091 25	13.091 25	14.962 43	4.988 639	14.962 43	9.046 352	2.848 889	1.794 759	1.076 882	1.076 882	4.306 882
23	6.027 74	1.357 79	0.764 47	13.158	13.158	13.158	4.386	9.996	9.996	4.998	2.97	8.91	2.97	3.362 69	2.118 185	2.669 125
24	10.286 4	10.286 4	3.429 6	7.999 2	7.999 2	4.000 8	4.000 8	6.601 6	4.158 4	5.24	6	3	3	6	6	12
25	12.525 81	2.970 594	1.173 568	5.854 504	5.854 504	3.145 629	1.815 363	14.285 24	14.285 24	4.762 857	10.618 79	4.305 861	1.745 349	7.391 478	2.820 561	6.157 958
26	16.183 96	16.183 96	5.495 934	9.471 28	3.491 486	7.964 722	5.089 512	7.722 561	7.722 561	7.722 561	1.994 799	2.229 209	0.745 992	1.677 412	0.732 636	1.919 922
平均	12.519 7	6.222 031	3.246 897	12.333 04	10.040 97	7.662 866	5.238 821	8.570 876	6.556 778	5.596 509	6.651 071	3.455 252	3.130 452	2.957 106	2.316 93	3.504 629
优化	12.5	6.2	3.2	12.3	10.0	7.7	5.2	8.6	6.6	5.6	6.7	3.5	3.1	3.0	2.3	3.5
指标层相对目标层权重																

系统层权重分配比例示意图如图 4-1 所示。

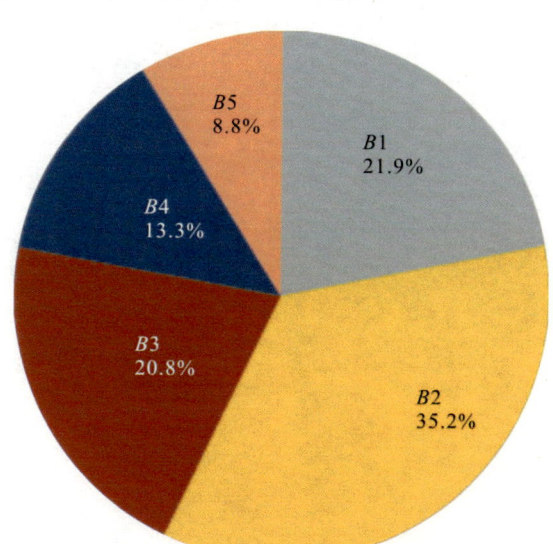

图 4-1 系统层权重分配比例示意图

(2)指标层权重分配值:开发利用方案执行 C1 权重值为 12.5;治理恢复方案执行 C2 权重值为 6.2;产能偏离度 C3 权重值为 3.2;开采回采率 C4 权重值为 12.3;选矿回收率 C5 权重值为 10.0;共伴生矿产资源综合利用率 C6 权重值为 7.7;低品位矿利用率 C7 权重值为 5.2;尾矿利用率 C8 权重值为 8.6;废水循环利用率 C9 权重值为 6.6;废石利用率 C10 权重值为 5.6;技术工艺水平 C11 权重值为 6.7;数控化水平 C12 权重值为 3.5;人均年产矿石量 C13 权重值为 3.1;吨矿税金 C14 权重值为 3.0;人均产值 C15 权重值为 2.3;单位能耗 C16 权重值为 3.5。

指标层权重分配比例示意图如图 4-2 所示。

4.3.2 露天开采矿山节约集约利用水平评价指标权重

将专家有效权重打分值进行处理,得出 24 位专家露天开采矿山节约集约利用水平指标项权重,并且对权重的小数位进行保留两位数优化,结果见表 4-7。

(1)系统层权重分配值:资源开发利用 B1 权重值为 30.2;生态环境保护 B2 权重值为 26.4;循环利用 B3 权重值为 21.4;科技水平 B4 权重值为 13;经

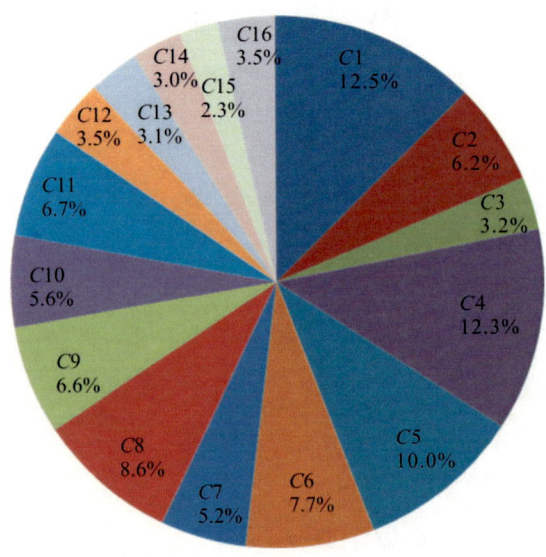

图 4-2 指标层权重分配比例示意图

济社会效益 B5 权重值为 9。

系统层权重分配比例示意图如图 4-3 所示。

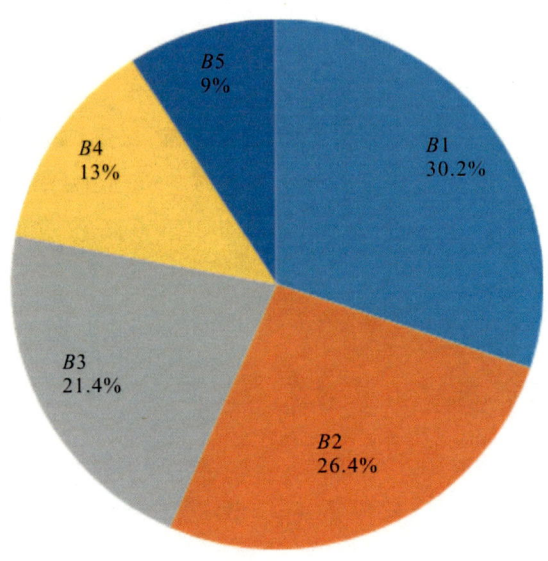

图 4-3 系统层权重分配比例示意图

表 4-7 露天开采矿山节约集约利用水平评价指标权重

目标层	露天开采矿山节约集约利用水平评价指标体系 A															
系统层	资源开发利用 B1				生态环境保护 B2			循环利用 B3			科技水平 B4			经济社会效益 B5		
指标层	开采顺序 C1	台阶参数 C2	产能偏离度 C3	开采回采率 C4	粉尘防治 C5	边开采边治理 C6	有机表土剥离存放 C7	废水循环利用率 C8	废石利用率 C9	尾泥(砂)利用率 C10	技术工艺水平 C11	数控化水平 C12	人均年产矿石量 C13	吨矿税金 C14	人均产值 C15	单位能耗 C16
专家序号	指标层相对目标层权重															
1	20.558 34	9.808 048	4.583 88	1.429 734	23.174 06	9.396 954	3.808 986	10.115 56	4.101 804	1.662 636	3.346 332	0.836 583	3.346 332	1.864 827	0.297 974	1.667 199
2	14.002 5	14.002 5	2.333 75	7.001 25	22.404	11.202	3.734	4.945	2.472 5	2.472 5	6.593 663	1.648 663	1.648 663	2.378 73	2.378 73	0.793 095
3	9.841 743	10.891 64	1.881 63	4.654 989	6.059 394	18.180 91	3.029 697	11.687 92	3.896 883	2.692 236	2.059 674	3.895 974	0.746 271	5.893 047	1.108 98	2.087 973
4	9.428 955	5.605 95	3.114 885	24.000 21	14.029 6	4.248 4	7.722	10.765 18	5.382 588	2.692 236	2.692 588	0.746 271	5.683 206	0.738 568	1.312 44	2.438 992
5	2.096 15	2.096 15	1.097 23	6.009 34	14.029 6	4.37	8.74	21.012	7.014	7.014	11.845	5.922 5	5.922 5	1.618	1.618	4.854
6	3.545 766	9.186 59	20.541 88	20.541 88	10.325	5.162 5	5.162 5	4.743 305	13.387 4	2.519 3	2.188	2.188	6.564	2.512 918	7.092 402	1.334 68
7	9.525 51	10.539 23	4.302 501	4.762 755	12.962 1	14.836 16	5.661 432	3.28	3.28	6.56	8.326 028	4.582 71	4.371 72	3.544	3.514	1.772
8	5.726 25	1.908 75	1.908 75	5.726 25	12.772	12.772	6.386	16.125	8.062 5	8.062 5	4.371 72	4.371 72	1.457 58	3.449 655	3.449 655	1.616
9	9.267 924	9.267 924	1.638 528	22.495 62	17.613 05	7.141 995	2.894 955	11.204 83	4.543 497	1.841 673	3.445 944	3.445 944	1.148 916	3.449 655	0.808	1.616
10	11.850 74	6.813 207	4.068 357	19.927 69	3.278	6.556	6.556	4.69	9.38	9.38	7.663 209	1.930 666	1.216 125	1.647 954	1.332	2.664
11	18.470 16	10.134 62	1.631 651	2.593 57	15.097 77	13.190 97	5.761 26	4.630 85	5.834 164	3.674 086	7.896 42	3.524 22	1.179 36	1.647 986	0.667 986	4.064 06
12	1.268 93	1.268 93	4.089 405	4.722 735	15.288	15.288	7.644	3.109 689	3.109 689	3.109 689	1.72	1.72	5.16	4.109 985	6.059 385	22.320 63
13	6.822 368	4.055 968	11.814 66	19.867 01	2.834 229	6.992 181	17.243 59	2.573 55	4.677 75	8.498 7	3.971 456	1.202 624	2.185 92	1.452	4.356	1.452

续表 4-7

目标层	露天开采矿山矿产资源节约集约利用评价体系 A															
系统层	资源开发利用 B1				生态环境保护 B2			循环利用 B3			科技水平 B4			经济社会效益 B5		
指标层	开采顺序 C1	台阶参数 C2	产能偏离度 C3	开采回采率 C4	粉尘防治 C5	边开采边治理 C6	有机表土剥离存放 C7	废水循环利用率 C8	废石利用率 C9	尾泥(砂)利用率 C10	技术工艺水平 C11	数控化水平 C12	人均年产矿石量 C13	吨矿税金 C14	人均产值 C15	单位能耗 C16
专家序号	指标层相对目标层权重															
14	8.602 5	8.602 5	2.867 5	2.867 5	14.865 98	8.182 35	4.501 67	9.182 415	9.182 415	9.182 415	6.564	3.282	6.564	0.794 524	2.383 016	2.383 016
15	6.005 342	6.005 342	1.550 122	23.259 19	3.646 302	3.646 302	3.646 302	6.882 615	6.882 615	6.882 615	6.882 615	6.882 615	6.882 615	2.735	2.735	5.47
16	6.902 455	3.613 091	6.902 455	19.788 28	8.333 869	16.667 74	4.168 393	3.230 69	7.396 155	2.821 81	4.482 885	4.482 885	4.482 885	0.960 288	1.919 904	3.839 808
17	5.470 28	12.467 54	3.157 996	12.467 54	2.287 829	6.861 886	6.861 886	4.422 755	13.265 17	13.265 17	4.174 564	1.391 816	4.174 564	3.246 312	3.246 312	3.246 312
18	19.998	11.986	3.998	3.998	5.976 982	18.048 02	5.994 994	4	4	2	4	4	2	7	1	2
19	2.138 56	4.874 08	1.234 592	4.874 08	7.189 281	7.189 281	7.189 281	18.710 27	7.857 936	4.951 792	11.760 78	11.760 78	3.921 176	1.585 548	0.999 156	3.775 296
20	13.021 88	13.021 88	2.603 125	2.603 125	15.623 13	24.998 75	3.123 75	7.142 5	3.571 25	1.786 25	1.562 5	1.562 5	2.343 75	2.604 375	2.083 125	1.562 5
21	4.530 48	4.530 48	1.404 81	2.434 23	3.076 65	8.062 5	1.760 85	5.529 447	22.117 79	22.117 79	19.032	3.754 124	2.365 044	1.063 546	1.063 546	4.253 546
22	2.789 406	2.789 406	0.675 621	6.916 884	4.389 561	4.389 561	4.389 561	12.688	12.688	6.344	6.344	6.344	6.344	3.406 326	3.406 326	3.406 326
23	12.974 57	5.333 784	2.293 158	25.538 49	8.340 556	2.780 834	8.340 556	14.217 48	1.576 26	3.666 264	2.511 596	0.837 394	2.511 596	5.395 824	2.266 137	1.428 039
24	11.613	11.613	2.904	3.87	12.858	12.858	4.287	4.999 5	4.999 5	4.999 5	3.333	3.333	3.333	7.5	3.75	3.75
平均	9.018 825	7.283 574	3.385 133	10.514 6	10.465 23	10.125 97	5.775 361	8.329 941	7.512 162	5.649 241	6.013 728	3.485 294	3.510 645	2.907 561	2.454 504	3.567 882
优化	9.0	7.3	3.4	10.5	10.5	10.1	5.8	8.3	7.5	5.6	6.0	3.5	3.5	2.9	2.5	3.6

(2)指标层权重分配值:开采顺序 C1 权重值为 9.0;台阶参数 C2 权重值为 7.3;产能偏离度 C3 权重值为 3.4;开采回采率 C4 权重值为 10.5;粉尘防治 C5 权重值为 10.5;边开采边治理 C6 权重值为 10.1;有机表土剥离存放 C7 权重值为 5.8;废水循环利用率 C8 权重值为 8.3;废石利用率 C9 权重值为 7.5;尾泥(砂)利用率 C10 权重值为 5.6;技术工艺水平 C11 权重值为 6.0;数控化水平 C12 权重值为 3.5;人均年产矿石量 C13 权重值为 3.5;吨矿税金 C14 权重值为 2.9;人均产值 C15 权重值为 2.5;单位能耗 C16 权重值为 3.6。

指标层权重分配比例示意图如图 4-4 所示。

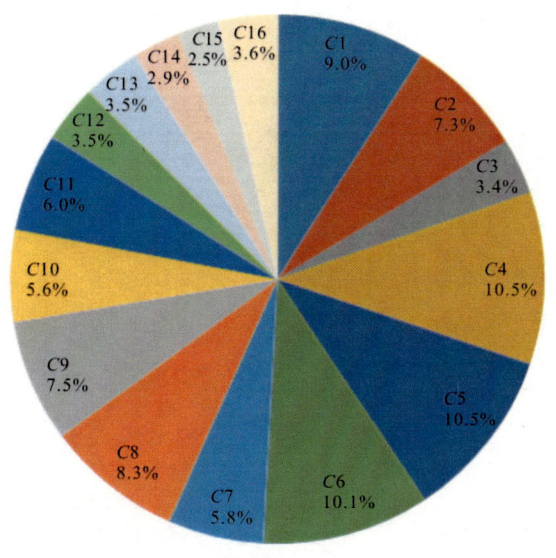

图 4-4　指标层权重分配比例示意图

4.3.3　县(市、区)矿产资源节约集约利用水平评价指标权重

将专家有效权重打分值进行处理,得出 26 位专家县(市、区)矿产资源节约集约利用水平指标项权重,并且对权重的小数位进行保留两位数优化,结果见表 4-8。

表4-8 县(市、区)节约集约利用水平评价指标权重

目标层	县(市、区)矿产资源节约集约利用水平评价指标体系 A											
系统层	区域内矿山综合情况 B1	规划布局 B2			开采秩序 B3				生态环境保护 B4			
指标层	区域内矿山评价平均值 C1	砂石土矿山平均规模 C2	采矿权指标执行情况 C3	开采区矿权比例 C4	禁采区矿权个数 C5	日常巡查制度执行 C6	矿山储量动态监测制度执行 C7	违法违规行为查处 C8	砂石土矿山设计最终边坡面积与最终底盘面积比 C9	废弃矿山(井)治理率 C10	绿色矿山入库率 C11	治理恢复基金建立率 C12
专家												
1	53.33	13.889 74	5.523 357	2.610 993	4.643 247	0.667	2.001	4.002	3.621 761	6.441 056	2.091 477	1.175 706
2	14.44	8.009 868	1.334 256	3.618 664	1.477 212	3.996 25	3.996 25	23.977 5	3.558 735	7.117 47	14.234 94	14.234 94
3	43.41	20.596 95	2.357 9	2.427 25	2.357 9	7.025 964	7.025 964	7.025 964	3.333 33	2.933 175	0.996 891	0.506 604
4	36.18	3.491 628	2.936 276	2.469 544	5.872 552	4.672 83	4.672 83	23.357 61	3.27	6.54	3.27	3.27
5	16.67	11.108 889	11.108 889	5.556 111	5.556 111	2.382 143	7.144 762	7.144 762	15.165 15	4.702 863	8.755 791	4.702 863
6	9.59	16.937 184	6.538 752	5.755 464	8.608 6	11.398 86	11.398 86	11.398 86	4.592 5	4.592 5	4.592 5	4.592 5
7	24.26	3.740 892	5.853 938	6.962 62	7.704 976	5.333 328	5.359 928	8.466 744	7.925 61	5.606 254	14.753 3	6.024 836
8	10.11	11.444 325	6.149 74	3.549 7	1.906 235	3.164	6.328	6.328	21.586 562	11.601 948	6.234 644	11.601 948
9	6.25	4.402 5	1.535 625	4.402 5	8.411 25	16.072 5	5.358 75	16.072 5	7.031 25	2.343 75	14.062 5	14.062 5
10	13.81	6.074 2	2.948 748	6.074 2	12.512 852	4.868 829	11.593 008	3.068 163	3.674 605	14.507 075	14.507 075	6.365 15
11	30	3	9	9	9	3.333	3.333	3.333	4.233	7.881	13.65	4.233
12	30	7.848	3.546	5.013	13.593	4.806	4.054	1.14	14.892	8.598	4.695	1.818
13	54.47	14.497 5	1.610 189	1.610 189	1.610 189	6.442 689	6.442 689	6.442 689	2.942 94	2.589 65	0.880 138	0.447 272

续表 4-8

目标层	系统层	指标层	区域矿山综合情况 B1		规划布局 B2			开采秩序 B3				生态环境保护 B4			
			区域内矿山评价平均值 C1	砂石土矿山平均规模 C2	采矿权指标执行情况 C3	开采区矿权比例 C4	禁采区矿权个数 C5	日常巡查制度执行 C6	矿山储量动态监测制度执行 C7	违法违规行为查处 C8	砂石土矿山设计最终边坡面积与最终底盘面积比 C9	废弃矿山(井)治理率 C10	绿色矿山入库率 C11	治理恢复基金建立率 C12
专家									指标层相对目标层权重						
		14	44.69	1.027 026	2.054 052	7.326 396	3.453 912	1.096 095	5.018 75	1.915 155	8.047 536	17.525 448	4.645 38	3.198 294
		15	9.3	1.540 513	2.667 821	5.248 763	11.735 022	4.246 449	11.720 006	32.338 714	1.618 916	10.864 113	5.519 995	3.186 976
		16	37.5	1.816 25	3.381 25	2.01	5.291 25	4.166 25	4.166 25	4.166 25	3.75	11.25	11.25	11.25
		17	53.18	10.054 1	2.949 45	2.949 45	2.595 145	7.950 53	7.950 53	2.650 795	2.913	2.913	2.913	0.971
		18	26.67	7.142	5.714	4.286	2.858	4.442 889	4.442 889	4.442 889	2.104	16.844	10.528	10.528
		19	37.5	18.75	6.251 25	6.251 25	6.251 25	7.5	2.5	2.5	6.25	2.083 75	2.083 75	2.083 75
		20	60	10	4	4	2	3	3	4	4.552	0.955	2.882	1.611
		21	7.04	13.203 456	4.096 608	8.436 36	11.103 576	12.278 772	12.278 772	12.278 772	2.099 592	6.771 136	3.638 136	6.771 136
		22	62.5	0.97	6.506 25	2.512 5	2.512 5	3.487 5	0.898 75	8.113 75	1.562 5	4.687 5	4.687 5	1.562 5
		23	70	2.5	2.5	2.5	2.5	3.333	3.333	3.333	2.857	2.857	2.857	1.429
		24	6.01	0.973 019	2.621 161	4.661 101	7.934 719	5.758	5.758	17.274	2.945 501	24.019 801	14.109 979	7.934 719
		25	7.15	10.806 56	22.922 018	6.423 382	6.423 382	3.638 32	6.223 77	21.284 795	3.837 456	7.357 392	2.062 368	1.862 784
		26	28.33	13.223 325	9.348 975	5.558 85	5.558 85	9.828 132	6.190 818	7.801 05	2.451 096	4.121 976	3.466 368	4.121 976
		平均	30.476 54	8.347 997	5.209 866	4.662 088	5.902 759	5.572 667	5.776 561	9.379 114	5.416 002	7.604 033	6.667 99	4.982 556
		优化	30.5	8.3	5.2	4.6	5.9	5.8	5.8	9.4	5.4	7.6	6.7	5.0

(1) 系统层权重分配值:区域内矿山综合情况 $B1$ 权重值为 30.5;规划布局 $B2$ 权重值为 24;开采秩序 $B3$ 权重值为 20.8;生态环境保护 $B4$ 权重值为 24.7。

系统层权重分配比例示意图如图 4-5 所示。

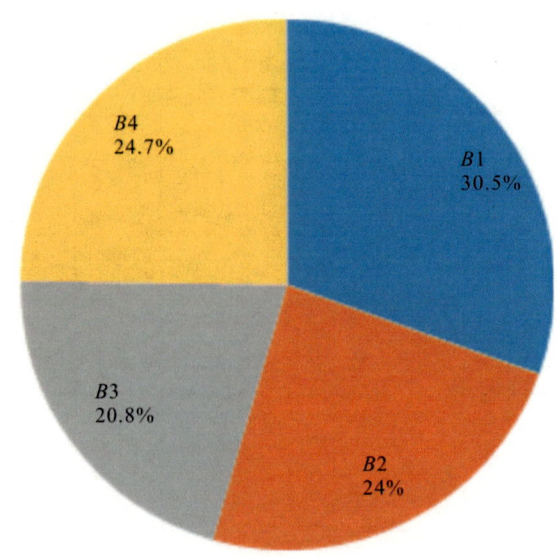

图 4-5　系统层权重分配比例示意图

(2) 指标层权重分配值:区域内矿山评价平均值 $C1$ 权重值为 30.5;砂石土矿山平均规模 $C2$ 权重值为 8.3;采矿权指标执行情况 $C3$ 权重值为 5.2;开采区矿权比例 $C4$ 权重值为 4.6;禁采区矿权个数 $C5$ 权重值为 5.9;日常巡查制度执行 $C6$ 权重值为 5.6;矿山储量动态监测制度执行 $C7$ 权重值为 5.8;违法违规行为查处 $C8$ 权重值为 9.4;砂石土矿山设计最终边坡坡面面积与最终底盘面积比 $C9$ 权重值为 5.4;废弃矿山(井)治理率 $C10$ 权重值为 7.6;绿色矿山入库率 $C11$ 权重值为 6.7;治理恢复基金建立率 $C12$ 权重值为 5.0。

指标层权重分配比例示意图如图 4-6 所示。

4 评价指标项标准值与权重的确立

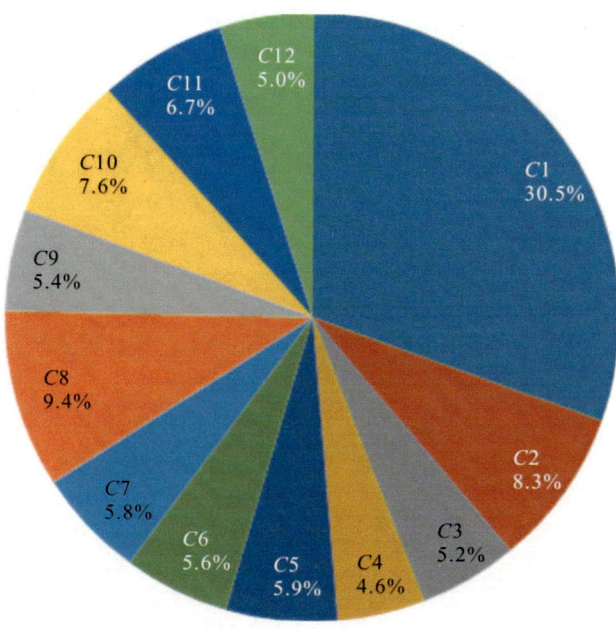

图 4-6 指标层权重分配比例示意图

5 浙江省矿产资源节约集约利用水平试评估

5.1 浙江省矿产资源基本情况

5.1.1 浙江省矿产资源储量、分布及特点

浙江省能源矿产匮乏,金属矿产不足,非金属矿产丰富。全省纳入统计矿产93种,其中查明资源储量矿产83种。

能源矿产方面,省域内成矿地质条件差,煤炭资源贫乏;陆域尚未发现油气资源;石煤资源储量虽居全国第二,但受环境污染所限不能很好地加以利用;地热资源作为清洁绿色的新能源,近年正逐步加大勘查力度。

非金属矿产方面,叶蜡石、明矾石查明资源储量居全国之冠,普通萤石、伊利石黏土、硅藻土、水泥用凝灰岩居全国第二(单一型萤石居全国第一),沸石、硼矿、高岭土、硅灰石、透辉石、珍珠岩、水泥用灰岩、水泥配料用泥岩、饰面用大理岩等25个矿种列全国前十位。多数矿床规模大,埋藏浅,开采条件好。

金属矿产方面,铁、铜、铅、锌、钼、金、银、钨、锡等矿产虽然矿产地较多,但多为小型矿床或矿点,仅少数矿产地达到大中型规模。铁、铜等金属矿产短缺,查明资源储量均处于全国各省区后十位,且后备资源不足;铅锌矿虽资源储量较大,但多为贫矿。

2017年,全省共有持证矿山930个,从业人员33 782人,矿石采掘量5.89亿t,实现矿业总产值184.70亿元,利润15.28亿元,税金13.73亿元。与2016年相比,在矿山数减少了11.26%的情况下,其他各项矿业指标均有显著提升,其中矿业总产值增加了33.12%,利润增加了108.34%,税金增加了11.40%;人均矿石采掘量、人均矿业产值和人均利税分别为1.74万t/人·年、54.67万元/人·年和8.59万元/人·年,同比分别增加了8.87%、36.62%和

51.44%(表5-1)。

表5-1 2013—2017年浙江省主要矿业指标对比表

年份	矿山数（个）	从业人员（人）	矿石采掘量（万t）	矿业总产值（万元）	利润总额（万元）	税金总额（万元）
2013	1 427	41 777	53 839.44	1 366 432.05	98 596.78	127 743.62
2014	1 246	38 499	52 373.01	1 428 339.93	126 531.11	128 287.65
2015	1 095	35 380	44 494.72	1 261 751.78	63 731.32	109 518.75
2016	1 048	34 672	55 427.57	1 387 423.75	73 329.70	123 267.94
2017	930	33 782	58 855.77	1 846 983.43	152 772.30	137 318.88

5.1.2 矿产资源开发利用基本情况

2017年，全省开发利用的矿产55种，包括能源矿产1种，金属矿产10种，非金属矿产43种（其中普通建筑材料用砂、石、黏土矿15种），水气矿产1种。与上年度相比增加了水泥用凝灰岩1种矿产，减少了耐火黏土、建筑用页岩与水泥用大理岩3个矿种，见图5-1。

1）矿业结构

2017年全省的矿业结构基本没有变化，即普通建筑材料用砂、石、黏土矿产量和产值依然居主导地位，其他非金属矿产次之，但占全省比重有所上升，水气矿产和能源矿产所占比重很小。与2016年相比，普通建筑材料用砂、石、黏土在矿山数减少了105个的情况下，各项矿业指标均有不同程度的提升，其中矿石采掘量、矿业总产值、利润总额及税金总额分别增加了5.77%、35.16%、118.90%、18.37%，产值占全省矿业总产值的比重比上一年增加了1.14个百分点。其他非金属矿产产值占全省矿业总产值的比重下降了1.6个百分点，金属矿产、能源矿产与水气矿产占比均略有提高，其中金属矿产和能源矿产均已转亏为盈。

2017年全省各项矿业指标较往年继续呈向好趋势主要依靠普通建筑材料用砂、石、黏土各项指标的提升。而普通建筑材料用砂、石、黏土矿在矿山数减少的情况下，其他各项矿业指标均呈向上走势，其原因是规模化、集约化效果愈加显现（表5-2）。

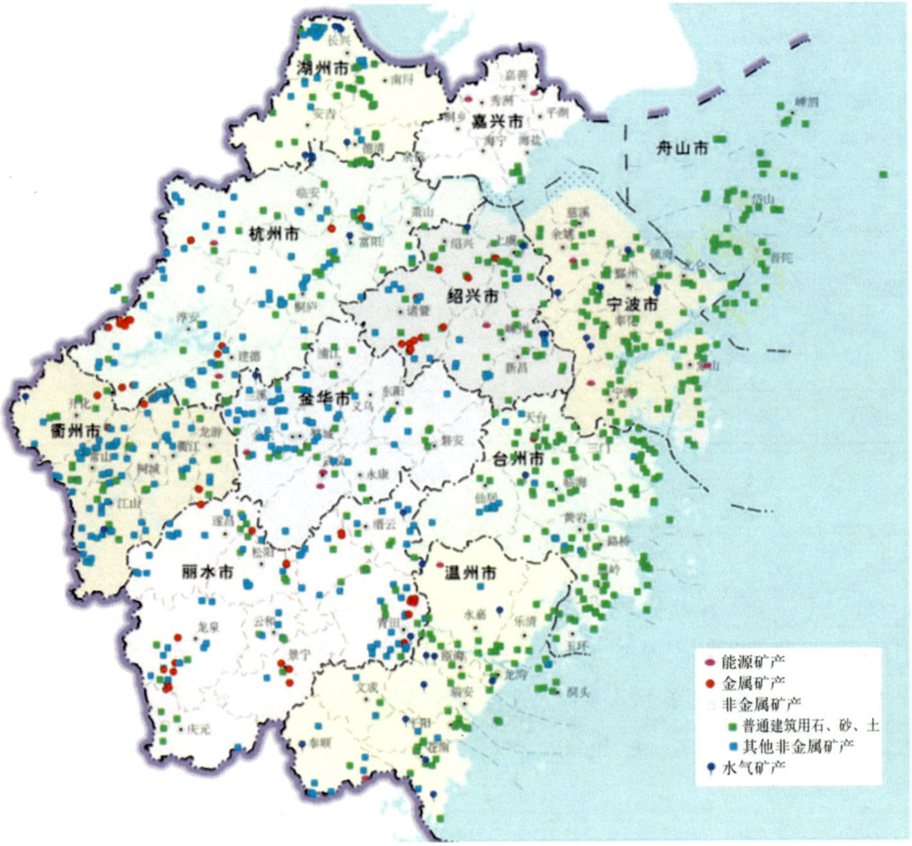

图 5-1 2017 年全省矿产资源开发利用现状图

表 5-2 2017 年全省矿业结构构成表

矿产分类	矿山数（个）	从业人员（人）	矿石采掘量（万 t）	矿业总产值（万元）	利润总额（万元）	税金总额（万元）
能源矿产	13	893	84.18	13 597.18	362.35	745.48
金属矿产	56	3 511	185.36	74 459.04	1 122.13	11 674.23
非金属矿产	825	28 813	58 562.98	1 744 271.35	150 708.59	123 851.77
其中普通建筑材料用砂、石、黏土矿	573	21 792	50 221.33	1 465 118.70	119 866.08	85 117.79
水气矿产	36	565	23.25	14 655.87	579.23	1 047.40
合计	930	33 782	58 855.77	1 846 983.43	152 772.30	137 318.88

从生产状态上来看,2017 年,全省生产矿山 526 个,占矿山总数的 56.56%;关闭矿山 89 个,占总数的 9.57%;筹建矿山 92 个,占总数的 9.89%;停产矿山 223 个,占总数的 23.98%。与 2016 年相比,生产、关闭、筹建和停产的矿山数量分别减少了 7.72%、16.82%、3.16% 和 13.90%(表 5-3)。

表 5-3 2017 年全省矿山生产状态构成表

矿山生产状态	矿山数(个)	从业人员(人)	矿石采掘量(万 t)	矿业总产值(万元)	利润总额(万元)	税金总额(万元)
生产	526	25 442	55 796.69	1 723 138.68	147 109.46	132 965.38
关闭	89	811	919.28	30 340.48	255.67	1 207.50
筹建	92	3 088	1 552.24	54 878.18	972.05	2 000.73
停产	223	4 441	587.56	38 626.10	4 435.12	1 145.28
合计	930	33 782	58 855.77	1 846 983.44	152 772.3	137 318.89

2)地区分布

2017 年,全省矿产开发布局与往年基本一致,能源矿产主要分布于浙江东北部(表 5-4);金属矿产中黑色金属主要分布于绍兴市、杭州市、湖州市和台州市的部分地区,有色金属全省均有分布(表 5-5);非金属矿产遍布全省,资源丰富。矿石采掘量依旧是舟山市最高,达 19 321.46 万 t,占全省的 32.83%,矿业总产值占全省的 23.89%,占比均上升;开发强度比较大的还有杭州市、宁波市、湖州市、台州市,矿石采掘量分别占全省的 11.31%、15.03%、14.80%、10.79%,矿业总产值分别占全省的 15.49%、14.62%、19.92%、7.54%;嘉兴市矿石采掘量最低,为 265.35 万 t,仅占全省的 0.45%。衢州市、台州市和丽水市矿山数最多,均有 121 个,占全省的 13.01%;嘉兴市矿山最少,为 6 个,比 2016 年减少了 1 个。从业人员台州市最多,有 4 845 人,嘉兴市最少,为 627 人。利润总额湖州市最高,达 42 217.17 万元,嘉兴市和丽水市 2016 年均为亏损状态,2017 年均已转亏为盈,分别盈利 412.16 万元和 5 543.16 万元。税金总额也是湖州市最高,达 41 638.06 万元;嘉兴市最低,为 1 188.26 万元。人均采掘量舟山市最高,为 5.62 万 t/人·年,丽水市最低,为 0.11 万 t/人·年;人均产值舟山市最高,为 128.32 万元/人·年,衢州市最低,为 16.05 万元/人·年(表 5-6)。

表 5-4 2017 全省能源矿产分布情况表

行政区	杭州市	宁波市	温州市	嘉兴市	绍兴市	金华市	台州市
矿山数（个）	2	3	1	2	1	3	1

表 5-5 2017 全省金属矿产分布情况表

行政区	杭州市	绍兴市	衢州市	台州市	丽水市
矿山数（个）	14	12	5	1	24

表 5-6 2017 年各市矿产资源开发利用情况表

行政区	矿山数（个）	从业人员（人）	矿石采掘量（万t）	矿业总产值（万元）	利润总额（万元）	税金总额（万元）	人均采掘量（万t/人·年）	人均产值（万元/人·年）
合计	930	33 782	58 855.77	1 846 983.44	152 772.3	137 318.89	1.74	54.67
杭州市	113	4 044	6 657.00	286 120.50	26 181.59	25 840.99	1.65	70.75
宁波市	100	3 811	8 843.99	269 967.96	36 421.90	12 833.6	2.32	70.84
温州市	78	2 470	3 831.02	75 016.40	2 230.20	3 685.24	1.55	30.37
嘉兴市	6	627	265.35	18 834.68	412.16	1 188.26	0.42	30.04
湖州市	58	3 445	8 708.43	367 846.00	42 217.17	41 638.06	2.53	106.78
绍兴市	76	1 941	1 546.49	50 804.29	2 529.80	6 315.55	0.80	26.17
金华市	82	2 437	1 163.67	60 804.65	4 870.72	4 956.03	0.48	24.95
衢州市	121	2 371	1 681.11	38 047.61	3 544.09	3 675.54	0.71	16.05
舟山市	54	3 439	19 321.46	441 297.80	25 271.60	23 216.43	5.62	128.32
台州市	121	4 845	6 348.68	139 344.07	3 549.91	2 674.88	1.31	28.76
丽水市	121	4 352	488.57	98 899.48	5 543.16	11 294.31	0.11	22.73

3) 矿山经济类型

全省矿山经济类型以有限责任公司、私营企业和国有企业为主,2017年三类矿山企业矿石采掘量、总产值、利润总额和税金总额之和分别占全省总数的90.85%、89.56%、85.03%、87.12%,与2016年比照,均有不同比例的增长。国有企业的矿石采掘量、总产值和利税总额分别仅占全省总数的14.14%、9.51%和12.97,略有上升,利润总额占全省总额的4.94%。全省民营资本和集体资本继续占主导,外商投资企业和港、澳、台商投资企业各项指标依然占比较低,主要为产业外向度低,国有资本持有率低的经济模式(表5-7)。

表5-7 2017年全省不同经济类型矿山企业开发利用情况表

企业经济类型	矿山数（个）	从业人员（人）	矿石采掘量（万t）	矿业总产值（万元）	利润总额（万元）	税金总额（万元）
一、内资企业	921	33 192	57 665.43	1 782 564.99	144 886.69	130 922.42
国有企业	75	4 809	8 320.57	175 583.16	7 555.77	12 251.27
集体企业	13	187	398.00	11 813.35	1 691.49	439.60
股份合作企业	13	329	126.76	3 432.99	197.00	113.78
联营企业	1	1	0.00	0.00	0.00	0.00
有限责任公司	401	16 851	33 483.61	1 016 027.04	58 486.94	64 762.92
股份有限公司	46	1 775	2 867.13	95 631.56	11 809.66	9 272.37
私营企业	357	8 660	11 667.42	462 554.09	63 859.33	42 611.52
其他企业	15	580	801.94	17 522.80	1 286.5	1 470.90
二、港澳台商投资企业	2	25	21.32	309.14	33.51	51.92
三、外商投资企业	7	565	1 169.02	64 109.30	7 852.1	6 344.61
合计	930	33 782	58 855.77	1 846 983.43	152 772.3	137 318.88

4) 矿山企业规模

几年来,全省严格控制采矿权总量,2017年矿山数较去年减少了118个。全省有大型矿山436个(其中建筑石料矿山359个),中型矿山153个,小型矿山308个,小矿33个。矿山规模主要以大、中型矿山为主,大、中型矿山矿石采掘量为57 748.57万t,占总量的98.12%;矿业总产值170.27亿元,占总量的92.19%;利润14.78亿元,占全省利润总额的96.73%;税金11.98亿元,占总量的87.23%,较2016年有所下降。全省矿山规模化、集约化水平继续提高(表5-8)。

表5-8 2017年全省不同规模矿山企业开发利用情况表

矿山规模	矿山数（个）	从业人员（人）	矿石采掘量（万t）	矿业总产值（万元）	利润总额（万元）	税金总额（万元）
合计	930	33 782	58 855.77	1 846 983.43	152 772.30	137 318.88
大型	436	20 609	56 286.63	1 611 585.8	140 714.45	113 453.95
中型	153	4 165	1 461.94	91 134.78	7 066.97	6 335.28
小型	308	8 372	1 105.96	143 011.51	4 854.83	17 347.25
小矿	33	636	1.24	1251.34	136.05	182.41

2017年,矿山开发利用市场环境良好,大型矿山企业生产集约化程度更高,其劳动生产率和资源利用水平与2016年相比较进一步提高,人均采掘量、人均产值、人均利润和人均税金都远高于中、小型矿山和小矿,人员效率也均有提升(表5-9)。

表5-9 2017年全省不同规模矿山企业人员效率对比表

矿山规模	人均采掘量（万t/人·年）	人均产值（万元/人·年）	人均利润（万元/人·年）	人均税金（万元/人·年）
合计	1.74	54.67	4.52	4.06
大型	2.73	78.2	6.83	5.51
中型	0.35	21.88	1.7	1.52
小型	0.13	17.08	0.58	2.07
小矿	0.01	1.97	0.21	0.29

5.2 地下开采矿山节约集约利用水平试评估

为进一步验证以上评价指标体系的合理性、适用性，评估浙江省典型矿山企业实际开发利用水平的契合度，我们对参与调查的矿山开展了试评估工作。具体操作如下：第一步，整理出与每个评价指标项所对应的矿山数据；第二步，利用第4章中（见4.1）的指标项标准值计算公式，计算出每个指标项的标准值（表4-1、表4-2）；第三步，利用第4章中（见4.2）的权重计算结果（表4-6、表4-7），将每个指标项的标准值与该指标项的权重值相乘，得出了该指标项的评估值得分；第四步，将一个矿山企业的所有指标项的评估值得分相加，得出了该矿山企业的总评估值得分，即该矿山企业的矿产资源节约集约利用水平评估值。在本书中，评估值的范围在0～100之间，分值越高，说明该矿山企业的节约集约利用水平越高。

矿山评估值计算公式可以用如下公式表示：

$$\text{评估值总分} = \sum_{i=1}^{16} C_i$$

其中，C 为地下或露天开采矿山的评价指标项。

5.2.1 省内地下开采矿山节约集约利用水平试评估

本次研究参与调研的省内地下矿山共47家，其中8家矿山因为不能提供较为完整的数据或是因为长期停产无法进行评估，现利用本研究的评价体系对其余的39家矿山进行评价（表5-10）。

5.2.2 省内地下开采矿山评估分析

1) 矿山企业试评估得分结果

由表5-10可以看出，评估总分很好的（90分及以上）矿山企业有：浙江兰溪金昌矿业柏社乡岭坑山萤石矿（96.22分）、遂昌德氟矿业有限公司内久尖萤石矿（95.08分）、浙江省遂昌县柘岱口乡横坑坪萤石矿（93.38分）、浙江省东阳市矿业有限责任公司佐村萤石矿（93.38分）、杭州建铜集团有限公司建德铜矿（92.74分）、浙江省遂昌县云峰镇处坞萤石矿（92.72分）、云和县华鑫矿业有限公司柿树坳萤石矿（92.06分）、浙江省遂昌金矿有限公司（92.05分）、浙江省遂昌县三仁乡坑口萤石矿（91.44分）、浙江省遂昌县湖山萤石矿（90.17分）。

表 5-10 地下开采矿山节约集约利用水平评价

(单位:分)

序号	矿山名称	采矿许可证编号	县市	规范开采 B1			矿产资源利用 B2				循环利用 B3			科技水平 B4			经济社会效益 B5			矿山评估总分
				开发利用方案执行 C1	治理恢复方案执行 C2	产能偏离度 C3	开采回采率 C4	选矿回收率 C5	共伴生矿产资源综合利用率 C6	低品位矿利用率 C7	尾矿利用率 C8	废水循环利用率 C9	废石利用率 C10	技术工艺水平 C11	数控化水平 C12	人均年产矿石量 C13	吨矿金税金 C14	人均产值 C15	单位能耗 C16	
1	浙江兰溪金昌矿业和社乡岭坑山萤石矿	C3300002010 06611006920	金华市	12.5	6.2	3.2	12.3	10	7.7	5.2	8.60	6.60	5.60	5.36	3.50	1.86	1.8	2.3	3.5	96.22
2	遂昌德氟矿业有限公司内久尖萤石矿	C3300002009 06611002509	遂昌县	12.5	6.2	1.92	7.38	0	7.7	5.2	8.60	5.28	25.20	5.36	3.50	1.86	3	1.38	0	95.08
3	浙江省遂昌县柘岱口乡横坑坪萤石矿	C3300002011 06611011518	遂昌县	12.5	6.2	3.2	12.3	10	7.7	5.2	7.92	6.60	3.50	6.7	3.50	1.86	1.8	2.3	2.1	93.38
4	浙江东阳市矿业有限公司佐村萤石矿	C3300002009 12612004610	东阳市	12.5	6.2	3.2	12.3	10	7.7	5.2	8.60	6.60	7.84	5.36	3.50	0	3	1.38	0	93.38
5	杭州建铜集团有限公司建德铜矿	C3300002010 10312007795	建德市	12.5	6.2	3.2	12.3	10	7.7	5.2	8.60	5.94	5.60	6.7	3.50	1.86	3	2.3	0	92.74
6	浙江省遂昌云峰镇乌锡矿	C3300002011 06611011518	遂昌县	12.5	6.2	3.2	12.3	10	7.7	5.2	8.60	6.60	5.60	5.36	3.50	1.86	1.8	2.3	0	92.72
7	云和县华鑫矿业有限公司柿树坞萤石矿	C3300002010 12612010307	云和县	12.5	6.2	3.2	12.3	10	7.7	5.2	8.6	6.60	5.60	5.36	3.50	0	3	2.3	0	92.06
8	浙江省遂昌金矿业有限公司	C3300002017 07611014485	遂昌县	12.5	6.2	3.2	12.3	10	7.7	5.2	8.60	6.60	5.17	6.7	3.50	0	3	1.38	0	92.05
9	浙江省遂昌三仁乡坑口萤石矿	C3300002010 01611006648	遂昌县	12.5	6.2	1.92	12.3	10	7.7	5.2	8.60	6.60	5.60	5.36	3.50	1.86	1.8	2.3	0	91.44

续表 5-10

序号	矿山名称	采矿许可证编号	县市	规范开采 B1			矿产资源利用 B2				循环利用 B3			科技水平 B4			经济社会效益 B5			矿山评估总分
				开发利用方案执行 C1	治理恢复方案执行 C2	产能偏离度 C3	开采回采率 C4	选矿回收率 C5	共伴生矿产资源综合利用率 C6	低品位矿利用率 C7	尾矿利用率 C8	废水循环利用率 C9	废石利用率 C10	技术工艺水平 C11	数控化水平 C12	人均年产矿石量 C13	吨矿税金 C14	人均产值 C15	单位能耗 C16	
10	浙江省遂昌县湖山萤石矿	C3300002009 0661300025091	遂昌县	12.5	6.2	3.2	12.3	10	7.7	5.2	8.60	2.87	5.60	5.36	3.50	1.86	1.8	1.38	2.1	90.17
11	遂昌凯圣矿业开发有限公司遂昌县湖山旧乃下萤石矿	C3300002010 0561300065086	遂昌县	12.5	6.2	3.2	12.3	10	7.7	5.2	8.15	3.06	5.60	5.36	3.50	1.86	1.8	1.38	2.1	89.91
12	绍兴平铜（集团）有限公司绍兴铜都矿业有限公司	C3300002010 1032200800200	绍兴市	12.5	6.2	3.2	12.3	10	7.7	5.2	8.60	5.61	5.60	5.36	3.50	0	1.8	0	2.1	89.67
13	建德市新安江萤石矿	C3300002009 1161200046077	建德市	12.5	6.2	3.2	12.3	10	7.7	5.2	8.60	5.61	5.60	5.36	3.50	1.86	1.8	0	0	89.43
14	龙泉市砩矿有限责任公司	C3300002009 0161200003131	龙泉市	12.5	6.2	3.2	12.3	10	7.7	5.2	8.60	0.00	8.40	5.36	3.50	1.86	3	1.38	0	89.20
15	浙江省松阳金山矿业有限公司板桥铜矿	C3300002009 0732200029566	松阳县	12.5	6.2	3.2	12.3	10	7.7	5.2	4.71	5.28	5.60	5.36	3.50	0	3	2.3	2.1	88.95
16	嵊州市福源矿业有限公司三渡萤石矿	C3300002009 0362200006479	嵊州市	12.5	6.2	3.2	12.3	10	7.7	5.2	8.60	6.60	1.29	5.36	3.50	1.86	1.8	2.3	0	88.41
17	绍兴滴铁矿业有限公司	C3300002011 0222201060008	绍兴市	12.5	6.2	3.2	12.3	10	7.7	5.2	3.21	5.66	5.60	6.7	3.50	3.1	0	1.38	2.1	88.34
18	仙居县华堂乌岩坪萤石矿	C3300002010 1061200077948	仙居县	12.5	6.2	3.2	12.3	10	7.7	5.2	5.17	6.60	5.60	5.36	3.50	0	3	1.38	0	87.71

续表 5-10

序号	矿山名称	采矿许可证编号	县市	规范开采 B1			矿产资源利用 B2				循环利用 B3			科技水平 B4			经济社会效益 B5			矿山评估总分
				开发利用方案执行 C1	治理恢复方案执行 C2	产能偏离度 C3	开采回采率 C4	选矿回收率 C5	共伴生矿产资源综合利用率 C6	低品位矿利用率 C7	尾矿利用率 C8	废水循环利用率 C9	废石利用率 C10	技术工艺水平 C11	数字化水平 C12	人均年产矿石量 C13	吨矿税金 C14	人均产值 C15	单位能耗 C16	
19	临安市新桥刘余萤石矿	C3300002011 0461301101913	临安区	12.5	6.2	1.92	12.3	10	7.7	5.2	8.60	1.32	5.60	5.36	3.50	1.86	1.8	2.3	0	86.16
20	杭州富阳金鑫矿业有限公司铜山铅锌矿	C3300002010 12322008746	杭州市富阳区	12.5	6.2	3.2	12.3	10	7.7	5.2	0.00	6.60	5.60	5.36	3.50	1.86	0	0	3.5	83.52
21	浙江省东阳市矿业有限责任公司忠信萤石矿	C3300002009 11612004247	东阳市	12.5	6.2	3.2	12.3	10	7.7	5.2	8.60	0.00	5.60	5.36	3.50	0	1.8	1.38	0	83.34
22	开化县张湾乡潭头村鸡公岩萤石矿	C3300002011 0961101196	开化县	12.5	6.2	0	7.38	0	7.7	5.2	8.60	6.60	5.60	5.36	3.50	0	1.8	0	0	80.44
23	建德市乾潭产次萤石矿	C3300002010 05612006483	建德市	12.5	6.2	3.2	12.3	10	7.7	5.2	8.60	3.96	5.20	5.36	3.50	1.86	3	1.38	0	80.36
24	仙居县步路乡下埂萤石矿	C3300002013 0761101307	仙居县	12.5	6.2	1.92	12.3	10	7.7	5.2	0.00	0.00	5.60	5.36	3.50	1.86	0	0	0	80.34
25	浙江省联众矿业有限公司青田县黄洋乡85号西块段钼矿	C3300002008 0931300078	青田县	12.5	6.2	1.92	12.3	10	7.7	5.2	0.00	0.00	5.60	5.36	3.50	0	3	1.38	3.5	78.16
26	浙江省诸暨七湾矿业有限公司铅锌矿	C3300002009 1132200439	诸暨市	12.5	6.2	3.2	12.3	10	7.7	5.2	0.00	3.96	5.60	5.36	3.50	0	1.8	1.38	0	77.32
27	浙江青田县石平川钼矿集中开采区乌岩尖矿段钼矿	C3300002011 12311101548	青田县	12.5	6.2	1.92	12.3	10	7.7	5.2	0.00	2.51	5.60	5.36	3.50	0	3	1.38	0	77.17

续表 5-10

序号	采矿许可证编号	矿山名称	县市	规范开采 B1			矿产资源利用 B2			循环利用 B3			科技水平 B4			经济社会效益 B5			矿山评估总分
				开发利用方案执行 C1	治理恢复方案执行 C2	产能偏离度 C3	开采回收率 C4	选矿回收率 C5	共伴生矿产资源综合利用率 C6	低品位矿利用率 C7	尾矿利用率 C8	废水循环利用率 C9	废石利用率 C10	技术工艺水平 C11	数控化水平 C12	人均年产矿石量 C13	吨矿产值税金 C14	人均产值 C15	单位能耗 C16	
28	C3300002009 04322001 1869	浙江省佳和矿业集团有限公司龙泉铅锌矿	龙泉市	12.5	6.2	1.92	12.3	10	7.7	5.2	0.61	0.99	5.60	5.36	3.50	0	3	0	2.1	76.98
29	C3300002011 01611011 4314	浙江缙云县七里乡龙脚萤石矿	缙云县	12.5	6.2	3.2	12.3	10	7.7	5.2	8.60	0.00	0.00	5.36	3.50	1.86	0	0	0	76.42
30	C3300002010 09313007 6043	淳安县千音矿业有限公司黄岩岭铅锌矿	淳安县	12.5	6.2	0	12.3	10	7.7	5.2	0.00	5.94	0.01	5.36	3.50	0	3	0	3.5	75.21
31	C3300002011 03312010 8707	浙江鑫鸿钼业有限公司	青田县	12.5	6.2	0	12.3	10	7.7	5.2	0.00	0.00	5.60	5.36	3.50	0	0	0	3.5	71.86
32	C3300002012 07611012 6965	富阳市湖源乡塔坞村萤石矿	杭州市富阳区	12.5	6.2	3.2	7.38	10	7.7	5.2	8.60	1.65	0.00	5.36	3.50	1.86	0	0	0	71.50
33	C3300002011 03611010 8384	缙云县兴华萤石矿业有限公司庙下萤石矿	缙云县	12.5	6.2	3.2	7.38	10	7.7	5.2	8.60	0.00	0.00	5.36	3.50	1.86	0	0	0	71.50
34	C3300002008 07312000 0007	青田县石平川铝矿区横坑口块段铝矿	青田县	12.5	6.2	0	12.3	10	7.7	5.2	0.00	0.00	0.00	5.36	3.50	0	3	0	2.1	69.51
35	C3300002010 12312010 3077	松阳天工铝业有限公司象溪镇鲁峰铝矿	松阳县	12.5	6.2	3.2	12.3	10	7.7	5.2	0.00	0.00	0.00	5.36	3.50	3.1	0	0	0	69.06

续表 5-10

序号	矿山名称	采矿许可证编号	县市	规范开采 B1			矿产资源利用 B2				循环利用 B3			科技水平 B4			经济社会效益 B5			矿山评估总分
				开发利用方案执行 C1	治理恢复方案执行 C2	产能偏离度 C3	开采回采率 C4	选矿回收率 C5	共伴生矿产资源综合利用率 C6	低品位矿利用率 C7	尾矿利用率 C8	废水循环利用率 C9	废石利用率 C10	技术工艺水平 C11	数控化水平 C12	人均年产矿石量 C13	吨矿税金 C14	人均产值 C15	单位能耗 C16	
36	青田横坑钼业有限公司	C3300002010 11312008215 9	青田县	12.5	6.2	0	12.3	10	7.7	5.2	0.00	0.00	0.00	5.36	3.50	0	0	2.3	3.5	68.56
37	仙居县杰萤矿业有限公司	C3300002010 11612008294 5	仙居县	12.5	6.2	0	7.38	0	7.7	5.2	8.60	6.27	5.60	5.36	3.50	0	0	0	0	68.31
38	诸暨市黄山镇寺下萤石矿	C3300002010 01612005540 6	诸暨市	12.5	6.2	3.2	12.3	0	7.7	5.2	8.60	0.00	0.00	5.36	3.50	1.86	0	0	0	66.42
39	诸暨市新民佛石矿	C3300002010 10612007990 5	诸暨市	12.5	6.2	3.2	12.3	0	7.7	5.2	8.60	0.00	0.00	5.36	3.50	0	0	0	0	64.56

较好的(80 分及以上)的矿山企业有:遂昌凯圣矿业开发有限公司遂昌县湖山白坛下萤石矿(89.91 分)、绍兴平铜(集团)有限公司绍兴铜都矿业有限公司(89.67 分)、建德市新安江萤石矿(89.43 分)、龙泉市碲矿有限责任公司(89.20 分)、浙江省松阳金山矿业有限公司板桥铜矿(88.95 分)、嵊州市福源矿业有限公司三溪萤石矿(88.41 分)、绍兴漓铁矿业有限公司(88.34 分)、仙居县华莹矿业有限公司羊平鸟萤石矿(87.71 分)、临安市新桥刘余萤石矿(86.16 分)、杭州富阳金鑫矿业有限公司铜山铅锌矿(83.52 分)、浙江省东阳市矿业有限责任公司忠信堂萤石矿(83.34 分)、开化县张湾乡潭头村鸡公岩萤石矿(80.44 分)、建德市乾潭芦茨萤石矿(80.36 分)、仙居县步路乡下垓萤石矿(80.34 分)。

得分较低的(70 分以下)的矿山企业有:青田县石平川钼矿区横坑口块段钼矿(69.51 分)、松阳天工钼业有限公司象溪镇鲁峰钼矿(69.06 分)、青田横坑钼业有限公司(68.56 分)、仙居县杰萤矿业有限公司(68.31 分)、诸暨市璜山镇寺下萤石矿(66.42 分)、诸暨市新民碲石矿(64.56 分)。

2)矿山企业试评估结果分析

从得分数据中可以看出,得分在 90 以上的矿山企业,其规范开采程度很高,严格按照开发利用方案执行,"三率"(开采回采率、选矿回收率和共伴生矿产资源综合利用率)指标处在很高的水平,注重资源的循环利用,使用国家鼓励的新兴技术,产生了较好的社会经济效益。

从实地调查情况来看,这些矿山的开采回采率基本都在 85% 以上,部分甚至超过 90%,比如浙江兰溪金昌矿业柏社乡岭坑山萤石矿开采回采率为 95%,杭州建铜集团有限公司建德铜矿开采回采率 95.8%。矿山的产能约束都较为合理,产能偏离度基本都在 30% 以内。此外,有选矿厂的矿山企业一般都具备较高的选矿回收率。比如建德铜矿的选矿回收率为 91.12%,浙江省遂昌县云峰镇处坞萤石矿选矿回收率为 89.5%。值得一提的是,得分高的矿山企业很多都大量引进高新科技生产技术,比如浙江省遂昌县柘岱口乡横坑坪萤石矿采用先进的膏体填充法采矿,遂昌金矿则在选矿过程中采用全泥氰化,并且采用尾渣干堆的方式处理尾渣,而建德铜矿则引进了充气式浮选法选矿。

下面以漓渚铁矿为例,做具体分析说明。

从表 5-10 可以看出,将漓渚铁矿的基础数据纳入地下开采矿山节约集约利用水平评价指标体系之后,大部分指标项的得分情况是很好的。总分达到了88.34的高分,反映了相当高的节约集约利用水平。第一,开发利用方案、治理恢复方案等矿山规划性文件都切实施行,没有违法违规操作。产能约束这一块工作也是符合要求的。第二,作为矿产资源节约集约利用水平评估的重要指标项——"三率"的指标得分都是满分。查看矿山实际数据:开采回采率设计值70%,实际值85%;选矿回收率设计值70%,实际值71.99%。基本与实际相吻合。第三,从计算中可以看出,漓渚铁矿的工艺技术水平得分为满分。查看实地调研记录,漓渚铁矿采用了立式压滤机等一系列新兴高科技工艺,从而保障了选矿工序的高效快捷。第四,在社会经济相关的指标项中,漓渚铁矿的得分情况处于一般水平。如吨矿税金、人均产值和单位能耗等。在社会经济相关指标项中,被扣除了一部分分值。

得分低的矿山主要是由于以下两个方面的原因:

一是矿山有一项或多项评价指标不达标,或是指标项数据较差。例如,诸暨市新民硼石矿的选矿回收率低、废石没有被利用,再加上人均年产值、人均年产量以及吨矿税金都远远低于省平均值,直接导致了该矿山的节约集约利用水平评估分处于低分状态。

二是矿山数据有缺失,导致某个或数个指标项得0分,从而使得总分偏低。例如,青田横坑钼业有限公司的调查表中废石利用率和废水循环利用率都没有填报。按照评价标准,这两项得分均为0分。

总之,利用地下矿山评估标准计算的反映各矿山节约集约利用水平的分值,基本与实地调研情况是相互吻合的。也就是说,得高分的矿山企业,其评估指标项都处于较高的利用水平,而得低分的矿山企业必然有一项或是多项评价指标项处于低利用水平,甚至不合行规的状态。

5.3 露天开采矿山节约集约利用水平试评估

5.3.1 省内露天开采矿山节约集约利用水平试评估

本研究参与调研的露天开采矿山共56家,其中3家矿山因为不能提供完整的数据或是因为长期停产无法进行评估,现利用本研究的评价体系对其余的53家矿山进行评价(表5-11)。

表 5-11 露天开采矿山节约集约利用水平评价

序号	矿山名称	采矿许可证编号	县市	资源开发利用 B1					矿产资源利用 B2		循环利用 B3			科技水平 B4			经济社会效益 B5			矿山评估总分
				开采顺序 C1	台阶参数 C2	产能偏离度 C3	开采回采率 C4	粉尘防治 C5	边开采边治理 C6	有机表土剥离存放 C7	废水循环利用率 C8	废石利用率 C9	尾泥(砂)利用率 C10	技术工艺水平 C11	数控化水平 C12	人均年产矿石量 C13	吨矿税金 C14	人均产值 C15	单位能耗 C16	
1	湖州新开元碎石有限公司(建筑石料矿)	C3300002009 01712000 2671	湖州市吴兴区	9	7.3	3.4	10.5	10.5	10.1	5.8	8.3	7.5	5.6	6	3.5	2.1	2.9	2.5	3.6	98.60
2	湖州市菱湖东林镇平山矿区	C3300002009 07712000 29129	湖州市吴兴区	9	7.3	3.4	10.5	10.5	10.1	5.8	8.3	7.5	5.6	6	3.5	2.1	2.9	2.5	3.6	98.60
3	杭州富阳宏升建材有限公司江洲村砂岩矿	C3300002010 02713005 5523	杭州市富阳区	9	7.3	3.4	10.5	10.5	10.1	5.8	8.3	7.5	5.6	4.8	3.5	2.1	2.9	1.5	3.6	96.40
4	湖州市吴兴区道场乡驼山坞建筑用石料(凝灰岩)矿	C3305002013 06713013 0313	湖州市吴兴区	9	7.3	2.04	10.5	10.5	10.1	5.8	8.3	7.5	5.6	6	3.5	2.1	2.9	1.5	3.6	96.24
5	富阳市坞口东卖岭石矿	C3301832010 09713007 5994	杭州市富阳区	9	7.3	3.4	10.5	10.5	10.1	5.8	8.3	7.5	5.6	4.8	3.5	3.5	1.74	2.5	2.16	96.20
6	长兴县白岘乡访贤村千井湾水泥用石灰岩矿	C3300002015 04713013 7939	长兴县	9	7.3	3.4	10.5	10.5	10.1	5.8	8.3	7.5	5.6	4.8	3.5	2.1	2.9	2.5	2.16	95.96
7	湖州市吴兴区妙西镇龙泉坞建筑用砂岩矿	C3305002014 09713013 5385	湖州市吴兴区	9	7.3	3.4	10.5	10.5	10.1	5.8	8.3	7.5	5.6	4.8	3.5	2.1	2.9	2.5	2.16	95.96
8	长兴县煤山镇五通村皖茅节水泥用石灰岩矿	C3300002014 08713013 5051	长兴县	9	7.3	3.4	10.5	10.5	10.1	5.8	8.3	7.5	5.6	4.8	3.5	3.5	1.74	1.5	2.16	95.20
9	浙江长广(集团)有限责任公司长广水泥分公司(葡萄山矿)	C3300002009 03712000 6340	长兴县	9	7.3	3.4	10.5	10.5	10.1	5.8	8.3	7.5	5.6	4.8	3.5	2.1	2.9	1.5	2.16	94.96

续表 5-11

序号	矿山名称	采矿许可证编号	县市	资源开发利用 B1					矿产资源利用 B2			循环利用 B3			科技水平 B4			经济社会效益 B5			矿山评估总分
				开采顺序 C1	台阶参数 C2	产能偏离度 C3	开采回采率 C4	粉尘防治 C5	边开采边治理 C6	有机表土剥离存放 C7	废水循环利用率 C8	废石利用率 C9	尾泥(砂)利用率 C10	技术工艺水平 C11	数控化水平 C12	人均年产矿石量 C13	吨矿税金 C14	人均产值 C15	单位能耗 C16	
10	湖州南方矿业有限公司狮子山石灰石矿	C3305222013 05713012997	湖州市	9	7.3	2.04	10.5	10.5	10.1	5.8	8.3	7.5	5.6	4.8	3.5	3.5	1.74	2.5	2.16	94.84
11	桐庐红狮水泥有限公司高山石灰石矿	C3300002008 09712000086	桐庐县	9	7.3	2.04	10.5	10.5	10.1	5.8	8.3	7.5	5.6	4.8	3.5	3.5	1.74	2.5	2.16	94.84
12	浙江省宁波市鄞州区瞻岐镇合一村凤凰山石矿(建筑用石料(混凝岩)矿)	C3300002011 03713013318	宁波市鄞州区	9	7.3	3.4	10.5	10.5	10.1	5.8	7.47	7.5	5.6	4.8	3.5	2.1	1.74	1.5	3.6	94.41
13	长兴锦龙矿业有限公司凉帽山石灰岩矿	C3300002008 10712000105	长兴县	9	7.3	2.04	10.5	10.5	10.1	5.8	8.3	7.5	5.6	4.8	3.5	3.5	1.74	1.5	2.16	93.84
14	建德红狮水泥有限公司童家石灰石矿	C3300002011 04712011081	建德市	9	7.3	2.04	10.5	10.5	10.1	5.8	8.3	7.5	5.6	4.8	3.5	3.5	1.74	1.5	2.16	93.84
15	安吉南方水泥有限公司高禹石矿	C3300002009 03712000713	吉安县	9	7.3	2.04	10.5	10.5	10.1	5.8	8.3	7.5	5.6	4.8	3.5	3.5	1.74	1.5	2.16	93.84
16	湖州南方矿业有限公司小石山石灰石矿	C3305222013 05713012997	湖州市	9	7.3	3.4	10.5	10.5	10.1	5.8	8.3	7.5	5.6	4.8	3.5	2.1	1.74	1.5	2.16	93.80
17	杭州山亚南方水泥有限公司大同石灰岩矿	C3300002009 04712010033	杭州市富阳区	9	7.3	3.4	10.5	10.5	10.1	5.8	8.3	7.5	5.6	4.8	3.5	2.1	1.74	1.5	2.16	93.80

续表 5-11

序号	矿山名称	采矿许可证编号	县市	资源开发利用 B1					矿产资源利用 B2			循环利用 B3			科技水平 B4			经济社会效益 B5			矿山评估总分
				开采顺序 C1	台阶参数 C2	产能偏离度 C3	开采回采率 C4	粉尘防治 C5	边开采边治理 C6	有机表土剥离存放 C7	废水循环利用率 C8	废石利用率 C9	尾泥（砂）利用率 C10	技术工艺水平 C11	数控化水平 C12	人均年产矿石量 C13	吨矿石税金 C14	人均产值 C15	单位能耗 C16	
18	杭州富阳钱潮建材有限公司里坞水泥用石灰岩矿	C3300002008 0771200000040	杭州市富阳区	9	7.3	3.4	10.5	10.5	10.1	5.8	8.3	7.5	5.6	4.8	3.5	2.1	1.74	1.5	2.16	93.80
19	台州市黄岩区沙埠镇栅溪建筑用石料（凝灰岩）矿	C3310002014 0771130135018	台州市黄岩区	9	7.3	3.4	10.5	10.5	10.1	5.8	8.3	7.5	5.6	4.8	3.5	2.1	1.74	1.5	2.16	93.80
20	龙泉市查田镇东皇岩矿	C3300002014 0821110135206	龙泉市	9	7.3	3.4	10.5	10.5	10.1	5.8	8.3	7.5	5.6	4.8	3.5	2.1	1.74	0	3.6	93.74
21	长兴县李家巷镇青草坞村龙井山水泥用灰岩矿	C3305222012 1071130127516	长兴县	9	7.3	2.04	10.5	10.5	10.1	5.8	8.3	7.5	5.6	4.8	3.5	2.1	2.9	1.5	2.16	93.60
22	长兴县和平镇和平村油山建筑用石料（凝灰岩）矿	C3300002013 0971130131368	湖州市长兴县	9	7.3	2.04	10.5	10.5	10.1	5.8	8.3	7.5	5.6	4.8	3.5	2.1	2.9	1.5	2.16	93.60
23	桐庐南方水泥有限公司闽苑石灰岩矿	C3300002011 0871120117568	桐庐县	9	7.3	3.4	10.5	10.5	10.1	5.8	8.3	7.5	5.6	4.8	3.5	3.5	0	1.5	2.16	93.46
24	宁波市鄞州区塘溪镇塘头村兰花山普通建筑石料矿	C3302122012 0471130124184	宁波市鄞州区	9	7.3	2.04	10.5	10.5	10.1	5.8	7.636	7.5	5.6	4.8	3.5	2.1	1.74	1.5	3.6	93.22
25	湖州市杨家埠街道庄村妙云山建筑用石料（凝灰岩）矿	C3305002015 1171130140446	湖州市吴兴区	9	7.3	0	10.5	10.5	10.1	5.8	8.3	7.5	5.6	4.8	3.5	2.1	2.9	1.5	3.6	93.00
26	湖州南方矿业有限公司大煤山石灰石矿	C3300002009 1171120044281	湖州市	9	7.3	0	10.5	10.5	10.1	5.8	8.3	7.5	5.6	4.8	3.5	3.5	2.9	1.5	2.16	92.96

续表 5-11

序号	矿山名称	采矿许可证编号	县市	资源开发利用 B1					矿产资源利用 B2		循环利用 B3			科技水平 B4			经济社会效益 B5			矿山评估总分
				开采顺序 C1	台阶参数 C2	产能偏离度 C3	开采回采率 C4	粉尘防治 C5	边开采边治理 C6	有机表土剥离存放 C7	废水循环利用率 C8	废石利用率 C9	尾泥(砂)利用率 C10	技术工艺水平 C11	数控化水平 C12	人均年产矿石量 C13	吨矿金税石 C14	人均产值 C15	单位能耗 C16	
27	湖州市杨家埠镇茅柴园村硖家山矿区	C3300002009 08712003368	湖州市吴兴区	9	7.3	0	10.5	10.5	10.1	5.8	8.217	7.5	5.6	4.8	3.5	2.1	2.9	1.5	3.6	92.92
28	浙江蔚明华特种水泥有限公司杨家山石灰岩矿	C3300002008 12712000172	长兴县	9	7.3	3.4	10.5	10.5	10.1	5.8	8.3	7.5	5.6	4.8	3.5	0	2.9	1.5	2.16	92.86
29	浙江宁波市鄞州区高桥镇岐湖村双岙建筑用石料(凝灰岩)矿	C3300002012 11713012786	宁波市鄞州区	9	7.3	0	10.5	10.5	10.1	5.8	8.3	7.5	5.6	4.8	3.5	2.1	1.74	2.5	3.6	92.84
30	长兴县煤山镇五通村老虎塘水泥用石灰岩矿	C3300002014 08713013505	长兴县	9	7.3	0	10.5	10.5	10.1	5.8	8.3	7.5	5.6	4.8	3.5	3.5	1.74	2.5	2.16	92.80
31	建德市三瓶矿业有限公司安溪坪石灰岩矿	C3300002008 07712000012	建德市	9	7.3	2.04	10.5	10.5	10.1	5.8	8.3	7.5	5.6	4.8	3.5	2.1	1.74	1.5	2.16	92.44
32	宁波市北仑区春晓镇干岙茅洋山建筑用石料(岩渣)矿	C3300002009 03713000799	宁波市北仑区	9	7.3	3.4	10.5	10.5	10.1	5.8	6.64	7.5	5.6	4.8	3.5	3.5	0	1.5	2.16	91.80
33	上海长兴岩石矿	C3300002008 08712000074	长兴县	9	7.3	2.04	10.5	10.5	10.1	5.8	8.3	7.5	5.6	4.8	0	0	2.9	1.5	2.16	90.00
34	湖州里鱼山矿业有限公司吴兴区妙西镇大山顶矿区	C3305002011 01713010104	湖州市吴兴区	9	7.3	2.04	10.5	10.5	10.1	5.8	8.3	7.5	5.6	4.8	3.5	2.1	2.9	1.5	3.6	89.44
35	宁波市鄞州区鄞江镇梅园村蛸子洋普通建筑石料矿	C3302122012 07713012615	宁波市鄞州区	9	7.3	0	10.5	10.5	10.1	5.8	7.47	7.5	5.6	4.8	3.5	2.1	0	1.5	3.6	89.27

5 浙江省矿产资源节约集约利用水平试评估

续表 5-11

序号	矿山名称	采矿许可证编号	县市	资源开发利用 B1					矿产资源利用 B2		循环利用 B3		科技水平 B4			经济社会效益 B5			矿山评估总分
				开采顺序 C1	台阶参数 C2	产能偏离度 C3	开采回采率 C4	粉尘防治 C5	边开采边治理 C6	有机表土剥离存放 C7	废水循环利用率 C8	废石利用率 C9	尾泥(砂)利用率 C10	技术工艺水平 C11	数控化水平 C12	人均年产矿石量 C13	吨矿石税金 C14	人均产值 C15	单位能耗 C16	
36	富阳板壁山脱硫用石灰岩矿	C3300002009 08612003151	杭州市富阳区	9	7.3	3.4	10.5	10.5	10.1	5.8	0	7.5	5.6	4.8	3.5	2.1	2.9	2.5	2.16	87.66
37	浙江省台州湾大桥及接线工程三门建筑用石料(凝灰岩)矿	C3310222016 03712014132	台州市三门县	9	7.3	0	10.5	10.5	10.1	5.8	8.3	7.5	5.6	4.8	0	3.5	0	2.5	2.16	87.56
38	宁波市鄞州区高桥镇岐湖村集中开采区建筑用石料矿	C3300002010 02713005670	宁波市鄞州区	9	7.3	2.04	10.5	10.5	10.1	5.8	0	7.0	5.6	4.8	3.5	2.1	2.9	2.5	2.16	86.30
39	建德市大岩山矿业有限公司大理岩矿	C3300002008 07712000129	建德市	9	7.3	2.04	10.5	10.5	10.1	5.8	0	7.5	5.6	4.8	3.5	2.1	2.9	1.5	3.6	86.24
40	常山南方水泥有限公司辉埠石灰岩矿	C3300002011 01712010524	常山县	9	7.3	2.04	10.5	10.5	10.1	5.8	0	7.5	5.6	4.8	3.5	3.5	1.74	1.5	2.16	85.54
41	浙江省台州市黄岩区高桥街道邵家岙村建筑用石料(凝灰岩)矿	C3310032012 11713012755	台州市黄岩区	9	7.3	3.4	10.5	10.5	10.1	5.8	0	7.5	5.6	4.8	3.5	2.1	1.74	1.5	2.16	85.50
42	建德海螺水泥有限公司洞山石灰岩矿	C3300002010 11712008195	建德市	9	7.3	3.4	10.5	10.5	10.1	5.8	0	7.5	5.6	4.8	3.5	2.1	1.74	1.5	2.16	85.50
43	长兴县李家巷镇石泉村石岩山水泥用石灰岩矿	C3305222017 06713014465	长兴县	9	7.3	2.04	10.5	10.5	10.1	5.8	8.3	7.5	5.6	4.8	3.5	0	2.9	0	2.16	85.06
44	巨化集团建德矿业有限公司码头石灰岩矿区燕山矿段	C3300002009 12712005045	建德市	9	7.3	0	10.5	10.5	10.1	5.8	0	7.5	5.6	6	3.5	0	2.9	0	3.6	84.34

浙江省矿产资源节约集约利用水平评价指标体系研究

续表 5-11

序号	矿山名称	采矿许可证编号	县市	资源开发利用 B1				矿产资源利用 B2			循环利用 B3			科技水平 B4			经济社会效益 B5			矿山评估总分
				开采顺序 C1	开采台阶参数 C2	产能偏离度 C3	开采回采率 C4	粉尘防治 C5	边开采边治理 C6	有机表土剥离存放 C7	废水循环利用率 C8	废石利用率 C9	尾泥(砂)利用率 C10	技术工艺水平 C11	数控化水平 C12	人均年产矿石量 C13	吨矿石税金 C14	人均产值 C15	单位能耗 C16	
45	温州市龙湾区瑶溪镇底岭下建筑石料整合矿	C3300002011 07713011 5605	温州市龙湾区	9	7.3	3.4	10.5	10.5	10.1	5.8	0	7.5	5.6	4.8	3.5	2.1	0	1.5	2.16	83.76
46	舟山金塘北蔃开发建设项目围涂工程定海区金塘跨平村区块鱼龙山建筑用石料(含砸)矿	C3300002013 03712012 9213	舟山市定海区	9	7.3	3.4	10.5	10.5	10.1	5.8	0	7.5	5.6	4.8	0	3.5	0	2.5	2.16	82.66
47	台州市路桥飞龙祠生态民主小山头生态环境综合整治工程	C3310002014 07713013 4683	台州市路桥区	9	7.3	2.04	10.5	10.5	10.1	5.8	0	7.5	5.6	4.8	3.5	2.1	0	0	2.16	80.90
48	常山县大桥头方新村页岩矿	C3308222011 11713012 0372	常山县	9	7.3	0	10.5	10.5	10.1	5.8	0	7.5	5.6	4.8	3.5	0	2.9	0	2.16	79.66
49	常山县采畈方夏家石灰厂	C3308222009 10713003 8385	常山县	9	7.3	0	10.5	10.5	10.1	5.8	0	7.5	5.6	4.8	3.5	0	2.9	0	2.16	79.66
50	青田周村雕刻有限公司叶腊石矿	C3300002010 12711008 6377	长兴县	9	7.3	2.04	10.5	10.5	10.1	5.8	0	7.5	5.6	4.8	3.5	2.1	0	0	2.16	78.80
51	台州市路桥区南官大道南延工程(BK0+440－BK0+650)蠼洋街道南山村建筑用石料(花岗岩)矿	C3310042017 07712014 4773	台州市路桥区	9	7.3	2.04	10.5	10.5	10.1	5.8	0	7.5	5.6	4.8	0	2.1	0	0	2.16	77.40
52	浙江省宁波市北仑白峰镇郭巨长坑整合矿区建筑用石料(花岗岩)矿	C3300002010 10712007 9245	宁波市北仑区	9	7.3	0	10.5	10.5	10.1	5.8	0	7.5	5.6	4.8	0	2.1	0	0	3.6	76.80
53	浙江松阳明石矿业有限公司大峰源高岭土矿	C3300002011 02713010 6021	松阳县	9	7.3	3.4	0	10.5	10.1	5.8	0	7.5	5.6	4.8	3.5	0	2.9	1.5	2.16	74.06

5.3.2 省内露天开采矿山评估分析

1）矿山企业试评估得分结果

作为浙江省的特色矿产之一，浙江砂石土矿（建筑石料矿和石灰岩矿）有相当大的优势，反映在矿床地质条件好、矿山管理规范、开采技术水平高、相关政策支持等多个方面。从项目课题组对浙江省数十家大型砂石土矿的实地调研情况来看，总体上都体现了相当高的矿产资源节约集约利用水平。

从表5-11中可以看出，浙江省露天开采矿山的总体评估分是比较高的，基本都在75分以上。

参评矿山中，节约集约利用水平很好的（95分及以上）有：湖州新开元碎石有限公司（建筑石料矿）（98.60分）、湖州市菱湖东林镇平山矿区（98.60分）、杭州富阳宏升建材有限公司江洲村砂岩矿（96.40分）、湖州市吴兴区道场乡驼山坞建筑用石料（凝灰岩）矿（96.24分）、富阳市坞口东夹岭石矿（96.20分）、长兴县白岘乡访贤村千井湾水泥用石灰岩矿（95.96分）、湖州市吴兴区妙西镇龙泉坞建筑用砂岩矿（95.96分）、长兴县煤山镇五通村船茅岕水泥用石灰岩矿（95.20分）。

较好的（90分以上）有：浙江长广（集团）有限责任公司长广水泥分公司（葡萄山矿）（94.96分）、湖州南方矿业有限公司狮子山石灰石矿（94.84分）、桐庐红狮水泥有限公司高山石灰石矿（94.84分）、浙江省宁波市鄞州区瞻岐镇合一村凤凰山矿区建筑用石料（凝灰岩）矿（94.41分）、长兴锦龙矿业有限公司凉帽山石灰岩矿（93.84分）、建德红狮水泥有限公司童家石灰石矿（93.84分）、安吉南方水泥有限公司高禹石矿（93.84分）、湖州南方矿业有限公司小石山石灰石矿（93.80分）、杭州山亚南方水泥有限公司大同石灰岩矿（93.80分）、杭州富阳钱潮建材有限公司里坞水泥用石灰岩矿（93.80分）、台州市黄岩区沙埠镇栅溪建筑用石料（凝灰岩）矿（93.80分）、龙泉市查田镇东皇铁矿（93.74分）、长兴县李家巷镇青草坞村龙井山水泥用灰岩矿（93.60分）、长兴县和平镇和平村油山建筑用石料（凝灰岩）矿（93.60分）、桐庐南方水泥有限公司阆苑石灰岩矿（93.46分）、宁波市鄞州区塘溪镇塘头村兰花山普通建筑石料矿（93.22分）、湖州市杨家埠街道杨庄村妙云山建筑用石料（凝灰岩）矿（93.00分）、湖州南方矿业有限公司大煤山石灰石矿（92.96分）、湖州市杨家埠镇茅柴园村戚家山矿区（92.92分）、浙江新明华特种水泥有限公司杨家山石灰石矿（92.86

分)、浙江省宁波市鄞州区高桥镇岐湖村双岙建筑用石料(凝灰岩)矿(92.84分)、长兴县煤山镇五通村老虎塘水泥用石灰岩矿(92.80分)、建德市三狮矿业有限公司安溪坪石灰岩矿(92.44分)、宁波市北仑区春晓镇干岙茅洋山建筑用石料(宕渣)矿(91.80分)、上海长兴石灰石矿(90.00分)。

分数较低(80分以下)的矿山有6家：常山县大桥头方新村页岩矿(79.66分)、常山县宋畈方夏家石灰石厂(79.66分)、青田周村雕刻石有限公司叶腊石矿(78.8分)、台州市路桥区南官大道南延工程(BK0+440－BK0+650)螺洋街道南山村建筑用石料(花岗岩)矿(77.40分)、浙江省宁波市北仑区白峰镇郭巨长坑整合矿区建筑用石料矿(76.80分)、浙江松阳明石矿业有限公司峰洞岩及大樟源高岭土矿(74.06分)。

参评矿山企业中，没有得分低于70分的矿山。

2)矿山企业试评估结果分析

从得分数据中可以看出，得分在95分以上的矿山企业，其规范开采程度很高，严格按照开发利用方案执行，"三率"指标处在很高的水平，注重资源的循环利用，使用国家鼓励的新兴技术，产生了较好的社会经济效益。

下面结合实地调研情况，以湖州新开元碎石公司为例来作说明。第一，资源开发利用规范，这反映在开发利用方案、治理恢复方案的执行力度上，特别是开采顺序、台阶参数、开采回采率以及产能参数上。从现场调研和资料查阅的情况来看，新开元公司矿山开发利用等环节的技术指标是完全按照设计书执行的。第二，由于我省对生态环境保护的重视，砂石土矿山矿区的粉尘防治一直是矿山管理的重要考核指标。每月一次的粉尘浓度测试的管理制度在严格执行。大型砂石土矿山的粉尘防治工作都做得比较规范，新开元公司同样如此，粉尘浓度测试每月均达标。第三，新开元公司的科技水平指标项得分很高，这主要是因为该公司采用了不少的新兴技术。实地调研中，项目组矿山在开采过程中使用了先进的逐孔起爆技术，大大提高了效率和安全系数。新开元公司还使用新兴制陶工艺，将尾砂尾泥制成陶器等出售，从而使尾砂尾泥的利用率几乎达到了100%。

与新开元碎石公司情况类似的有湖州市菱湖东林镇平山矿区、杭州富阳宏升建材有限公司江洲村砂岩矿等矿山。这些矿山都使用了先进的PLC自动化控制系统，矿山开采加工环节机械化程度高，管理精细，体现了很高的节约集约利用水平。

与地下开采矿山所反映的情况相似,得分较低的露天开采矿山也是因为某一项或数项评价指标项得分较低,从而导致总分偏低。

结合实地调研情况来看,浙江松阳明石矿业有限公司峰洞岩、大樟源高岭土矿的开采回采率只有78%,远低于设计值95%。人均年产矿石量远低于省平均值。温州市龙湾区瑶溪镇底岭下建筑石料整合矿的产能只有140万 t/年,远低于设计值200万 t/年,其吨矿税金远低于省平均水平,其他社会经济评价指标也是处于中下等级,这些因素都导致了其评估总分偏低。再如青田周村雕刻石有限公司叶腊石矿,其人均年产矿石量、人均年产值以及吨矿税金都远远低于我省平均水平,这是导致其总分不高的直接原因。此外,也有少数矿山缺少部分评价指标项数据,从而导致评估分较低。如巨化集团建德矿业有限公司码头石灰岩矿区燕山矿段和常山县宋畈方夏家石灰石厂都未填报废水循环利用率。总体来看,评估结果与实地调研情况是一致的。

5.4 县(市、区)矿产资源节约集约利用水平评价的基本准备

本研究中,县(市、区)矿产资源节约集约利用水平研究体系的构建已经完成了3个层次的评价系统构建,并对每个具体的评价指标项进行了权重计算,得出了相应的指标项权重。每个指标项的相对值则需要更进一步的资料收集才能计算出来。

由于是针对整个大行政区域的评估,所以需要大量的矿山基本数据,比如第一个评价指标项区域内矿山评价平均值(C1),就需要汇集评价区域内所有矿山的相应原始数据(根据前两个评价指标体系分为地下开采矿山和露天开采矿山),需要完善的数据库支撑才能完成。而有些评价指标则需要矿山有精确的数据才能计算出来,比如砂石土矿山设计最终边坡坡面面积与最终底盘面积比(C9)这个指标项。这些数据,有的还没有汇交整理,有的则没有开始统计。

总之,县(市、区)矿产资源节约集约利用水平评价需要海量的原始数据,目前还不具备这样的条件,尚需今后进一步统计与汇总。

5.5 省外矿山节约集约利用水平评估分析

本研究选择10家有代表性的省外矿山企业,与我省矿山企业节约集约利用水平情况在同一个评价体系体系里,做一个初步的评估比较。其中5家为地下开采矿山,5家为露天开采矿山。

5家地下开采矿山分别是:新疆富蕴县新疆阿舍勒铜业股份有限公司新疆阿舍勒铜矿、广西钟山县广西桂华成有限责任公司珊瑚矿、广西靖西县靖西县锰矿有限责任公司、江西瑞昌市江西铜业股份有限公司武山铜矿以及吉林白山市通化钢铁集团板石矿业有限责任公司井下矿。

5家露天开采矿山分别是:四川会理县凉山矿业股份有限公司四川省拉拉铜矿、四川米易县攀钢集团攀枝花新白马矿业有限责任公司白马铁矿、新疆富蕴县新疆白银矿业开发有限公司新疆富蕴县索尔库都克铜矿、新疆哈密市新疆哈密市土屋铜矿、广西平果市中信大锰矿业有限责任公司天等锰矿。

5.5.1 省外地下开采矿山

(1)省外地下开采矿山基础数据。

5家省外地下开采矿山数据如表5-12所示。

(2)省外地下开采矿山节约集约利用水平评估。

根据本书建立的地下矿山节约集约利用水平评价指标,对这5家省外矿山进行评估。结果如表5-13所示。

5.5.2 省外露天开采矿山

(1)省外露天开采矿山基础数据。

5家省外露天开采矿山数据如表5-14所示。

(2)省外露天采矿山节约集约利用水平评估。

根据本书建立的露天开采矿山节约集约利用水平评价指标,对这5家省外矿山进行评估,结果如表5-15所示。

5 浙江省矿产资源节约集约利用水平试评估

表 5-12 省外地下开采矿山调研数据

（单位：分）

序号	矿山名称	采矿许可证编号	县市	规范开采 B1			矿产资源利用 B2				循环利用 B3		科技水平 B4		经济社会效益 B5		
				开发利用方案执行 C1	开采回采率偏离度 C2	产能是否达标 C3	选矿回收率 C4	共伴生矿产资源综合利用率 C6	低品位矿利用率 C7	尾矿利用率 C8	废水循环利用率 C9	废石利用率 C10	技术工艺水平 C11	数控化水平 C12	人均年产矿量 C13	吨矿税金 C14	人均产值 C15	单位能耗 C16
				是否一致	是否达标	是否达标	实际值	实际值	实际值	实际值	实际值	实际值	先进工艺	有无数控化调度室	实际值	实际值	实际值	实际值
1	新疆阿舍勒铜业股份有限公司新疆阿舍勒铜矿	C6500002010 12322010 6699	富蕴县	一致	达标	162.42	94.83	93.09	52.46	100	11.93	90.4	0	无	有	0.19	34.8	142.4	52.17
2	广西佳华成有限责任公司珊瑚矿	C1000002011 07314101 16199	钟山县	一致	达标	33.35	85.4	80.3	67.72	100	100	100	100	无	有	0.03	—	14.65	35.45
3	靖西县锰矿有限责任公司	C1500002010 11212008 1150	靖西县	一致	达标	14.4	90	—	—	100	—	未填报	76.19	无	有	0.09	—	未填报	45.73
4	江西铜业股份有限公司武山铜矿	C3600002010 01322054 851	瑞昌市	一致	达标	188	96.05	87.1	42.56	100	33.58	94.37	5.27	无	有	0.08	7.22	38.72	85.58
5	通化钢铁集团板石矿业有限责任公司井下矿	C2200002011 06212011 4637	白山市	一致	达标	82.7	89.79	82.38	—	100	20.04	86.1	86.65	无	有	0.23	—	85.58	40.51

表5-13 省外地下开采矿山节约集约利用水平评价

（单位：分）

序号	矿山名称	采矿许可证编号	县市	规范开采 B1			矿产资源利用 B2				循环利用 B3			科技水平 B4		经济社会效益 B5				矿山评估总分
				开发利用方案执行 C1	治理恢复方案执行 C2	产能偏离度 C3	开采回采率 C4	选矿回收率 C5	共伴生矿产资源综合利用率 C6	低品位矿利用率 C7	尾矿利用率 C8	废水循环利用率 C9	废石利用率 C10	技术工艺水平 C11	数控化水平 C12	人均年产矿石量 C13	吨矿税金 C14	人均产值 C15	单位能耗 C16	
1	广西桂华成有限责任公司珊瑚矿	C1000002011 07314011649 9	钟山县	12.5	6.2	3.2	12.3	10	7.7	5.2	8.60	6.60	5.60	5.36	3.5	0	0	1.38	2.1	90.24
2	通化钢铁集团板石矿业有限责任公司井下矿	C2200002011 06212011463 7	白山市	12.5	6.2	3.2	12.3	10	7.7	5.2	1.72	5.68	4.85	5.36	3.5	3.1	2.3	0	2.1	85.72
3	新疆阿舍勒铜业股份有限公司阿舍勒铜矿	C6500002010 12322106699	富蕴县	12.5	6.2	3.2	12.3	10	7.7	5.2	1.03	5.97	0.00	5.36	3.5	3.1	1.8	0	2.1	82.25
4	江西铜业股份有限公司武山铜矿	C3600002010 01322054851	瑞昌市	12.5	6.2	3.2	12.3	10	7.7	5.2	2.89	6.23	0.30	5.36	3.5	1.86	0	1.38	2.1	80.71
5	靖西县锰矿有限责任公司	C4500002010 11212008115 0	靖西县	12.5	6.2	1.92	12.3	10	7.7	5.2	0.00	0.00	4.27	5.36	3.5	1.86	0	0	2.1	70.81

5 浙江省矿产资源节约集约利用水平试评估

表 5-14 省外露天开采矿山调研数据

(单位:分)

序号	矿山名称	采矿许可证编号	县市	资源开发利用 B1					矿产资源利用 B2				循环利用 B3			科技水平 B4			经济社会效益 B5			
				开采顺序 C1	开采参数阶段 C2	产能偏离度 C3	开采回采率 C4		粉尘防治 C5	边采边治理 C6	有机表土剥离存放 C7		废水循环利用率 C8	废石利用率 C9	尾泥(砂)利用率 C10	技术工艺水平 C11	数控化水平 C12		人均矿产矿石产量 C13	吨矿税金 C14	人均产值 C15	单位能耗 C16
				是否合格	是否达标	实际值	实际值		是否达标	是否达标	是否达标		实际值	实际值	实际值	先进工艺	有无数控化调度室		实际值	实际值	实际值	实际值
1	凉山矿业股份有限公司四川省拉拉铜矿	C5100002011 03322010621	会理县	合格	达标	182.13	90.5		达标	达标	达标		86.39	0	0	无	有		0.22	11.55	55.15	32.54
2	攀钢集团攀枝花新白马矿业有限责任公司白马铁矿	C1000002009 02212000191	米易县	合格	达标	1550.58	95.06		达标	达标	达标		88.03	0	0	无	有		1.75	无数据	295.2	30.85
3	新疆白银矿业开发有限公司新疆富蕴县萨尔库都克铜矿	C6500002010 12312010689	富蕴县	合格	达标	126.86	95.1		达标	达标	达标		75	0	0	无	有		0.49	无数据	810.17	28.3
4	新疆哈密市土屋铜矿	C6500002010 01312055529	哈密市	合格	达标	51.16	96.04		达标	达标	达标		88.03	0	0	无	有		0.18	无数据	21.22	30.85
5	中信大锰矿业有限责任公司天等锰矿	C1000002008 12212000117	平果市	合格	达标	31.39	96.98		达标	达标	达标		85.14	0	0	无	有		0.03	2.97	23.82	未填报

表5-15 省外露天开采矿山节约集约利用水平评价

(单位：分)

序号	矿山名称	采矿许可证编号	县市	资源开发利用 B1			矿产资源利用 B2			循环利用 B3			科技水平 B4		经济社会效益 B5			矿山评估总分
				开采顺序 C1	台阶参数 C2	产能偏离度 C3	开采回采率 C4	粉尘防治 C5	边开边采治理 C6	有机表土剥离存放率 C7	废水循环利用率 C8	废石利用率 C9	尾泥(砂)利用率 C10	技术工艺水平 C11	数控化水平 C12	人均年产矿石量 C13	吨矿税金 C14	人均产值 C15	单位能耗 C16	
1	攀钢集团攀枝花新白马矿业有限责任公司四川省攀枝花白马铁矿	C1000002009 02212000491l	米易县	9	7.3	3.4	10.5	10.5	10.1	5.8	7.31	0	0	4.8	3.5	2.1	0	2.5	0	76.81
2	凉山矿业股份有限公司四川省拉拉铜矿	C5100002011 02322010621 2	会理县	9	7.3	3.4	10.5	10.5	10.1	5.8	7.17	0	0	4.8	3.5	0	2.9	1.5	0	76.47
3	新疆白银矿业开发有限公司新疆富蕴县索尔库都克铜矿	C6500002010 12331210 6898	富蕴县	9	7.3	2.04	10.5	10.5	10.1	5.8	6.23	0	0	4.8	3.5	0	0	2.5	0	72.27
4	新疆哈密市土屋铜矿	C6500002010 01312005552 9	哈密市	9	7.3	0	10.5	10.5	10.1	5.8	7.31	0	0	4.8	3.5	0	0	0	0	68.81
5	中信大锰矿业有限责任公司天等锰矿	C1000002008 12212000147 3	平果市	9	7.3	3.4	10.5	10.5	10.1	5.8	0.00	0	0	4.8	3.5	0	1.74	0	0	66.64

5.5.3 省外矿山评估结果分析

1) 地下开采矿山评估结果分析与比较

(1) 评估结果分析。

从表 5-13 中可以看出,省外的 5 家地下开采矿山,有 4 家的评估分都在 80 分以上,只有 1 家是 70 多分。

得分高的(90 分以上)矿山 1 家:广西桂华成有限责任公司珊瑚矿(90.24 分)。得分较高的(80 分以上)矿山有 3 家:通化钢铁集团板石矿业有限责任公司井下矿(85.72 分)、新疆阿舍勒铜业股份有限公司新疆阿舍勒铜矿(82.25 分)、江西铜业股份有限公司武山铜矿(80.71 分)。得分较低的(70 分及以下):靖西县锰矿有限责任公司。

得分较高的矿山企业其规范开采程度很高,严格按照开发利用方案执行,"三率"指标处在很高的水平,注重资源的循环利用,使用国家鼓励的新兴技术,产生了较好的社会经济效益。

得分较低的矿山企业基本都有一项或是多项评价指标不达标,或是指标项数据较差。例如,江西铜业股份有限公司武山铜矿的尾矿利用率和废石利用率都较低。靖西县锰矿有限责任公司的产能约束力不够,尾矿未能利用,同时,还有多项数据未能填报。从实地调研的情况来看,与数据计算结果是相吻合的。

(2) 与浙江省地下矿山的比较。

从各个指标项得分的情况来看,省外的 5 家地下开采矿山大部分指标项与浙江省地下开采矿山是持平的,不同的指标项主要有:尾矿利用率、人均年产值和单位能耗。

从整体上来看,省外地下矿采矿山的尾矿利率用是与浙江省一致的,但是,如果仅从矿种角度看(仅看金属矿),省外地下开采矿山的尾矿利用率是略高于浙江省的。浙江省大部分萤石矿的尾矿利用率非常高,是因为大部分矿山直接将尾矿回填或是低价出售了。具体到金属矿,浙江省金属矿大部分都是小型矿山,除去建德铜矿和漓渚铁矿等中大型矿,其他的尾矿利用率都不高,有的甚至根本就没有利用尾矿。

省外地下开采矿山的人均年产值总体上来看也高于浙江省。这一方面是由于矿山规模的问题,另一方面最主要的原因还是浙江省矿山,特别是许多金属矿山,因受到G20峰会和近几年环保工作的影响,处于半停产或是整改状态。

此外,省外的地下开采矿山平均能耗略高于浙江省的同类矿山。

2)露天开采矿山评估结果分析与比较

(1)评估结果分析。

从表5-15可知,省外露天开采矿山的评估分总体上都不高,均在80分以下。其中,70分以上的有3家:攀钢集团攀枝花新白马矿业有限责任公司白马铁矿(76.81分)、凉山矿业股份有限公司四川省拉拉铜矿(76.47分)、新疆白银矿业开发有限公司新疆富蕴县索尔库都克铜矿(72.27分)。70分以下的有2家:新疆哈密市土屋铜矿(68.81分)、中信大锰矿业有限责任公司天等锰矿(66.64分)。

从调研实际情况来看,导致分数偏低的是参评矿山的某些指标项不达标。比如,新疆哈密市土屋铜矿的产能设计值为400万t/年,实际值只有51.16万t/年。新疆白银矿业开发有限公司新疆富蕴县索尔库都克铜矿的产能同样远低于设计值。此外,5家矿山的废石利用率都很低,甚至没有加以利用。5家矿山的单位能耗过大,也导致了该指标项得分较低。

(2)与浙江省露天矿山的比较。

从表5-15可以看出,省外的5家露天开采矿山的评估总分都在60多分、70多分,总体分数远低于浙江省露天开采矿山。

结合实地调研情况来看,主要是以下原因造成的:

首先,本次调研的省外露天开采废石未参与利用或者利用率极小。其次,人均年产矿石量明显低于浙江省平均值。其原因是浙江省露天开采矿山以大中型矿山居多,而参评矿山主要是小、中型。再次,这次参评的省外露天矿山没有使用新工艺。最后,省外的这5家露天开采矿山单位能耗高于浙江省的一般矿山。

5.6 自动评价系统的编制

为实现矿山企业节约集约利用水平自动化评估,项目组通过Java语言,根据本书所确立的3套评价标准,编制了一套系统:浙江省矿产资源节约集约利用水平评价系统。该系统可以在输录矿山原始数值(评价标准所需的16项)的情况下,完成自动计算和评估,快速计算出被评估矿山的节约集约利用水平评估值。

5 浙江省矿产资源节约集约利用水平试评估

浙江省矿产资源节约集约利用水平评价系统采用 B/S 架构，使用 Java 编程语言开发，利用 MySQL 关系型数据库，基于计算机浏览器的操作方式，系统、科学的管理为指标项权重打分。该系统参照矿产资源节约集约利用水平评价指标项权重打分表，运用信息技术实现了按照地下开采矿山、露天开采矿山、县（市、区）分类，分别为各自的指标层计算得分，该系统在用户输入原始值的基础上根据指标项计算公式得出指标项标准值，再乘以指标权重，最后得出指标项单项分值和总得分。该系统主要页面有用户登录（图 5-2）、查询统计（图 5-3）、地下开采矿山评估（图 5-4）、露天开采矿山评估（图 5-5）等。

图 5-2 评价系统用户登录页面

图 5-3 评价系统查询页面

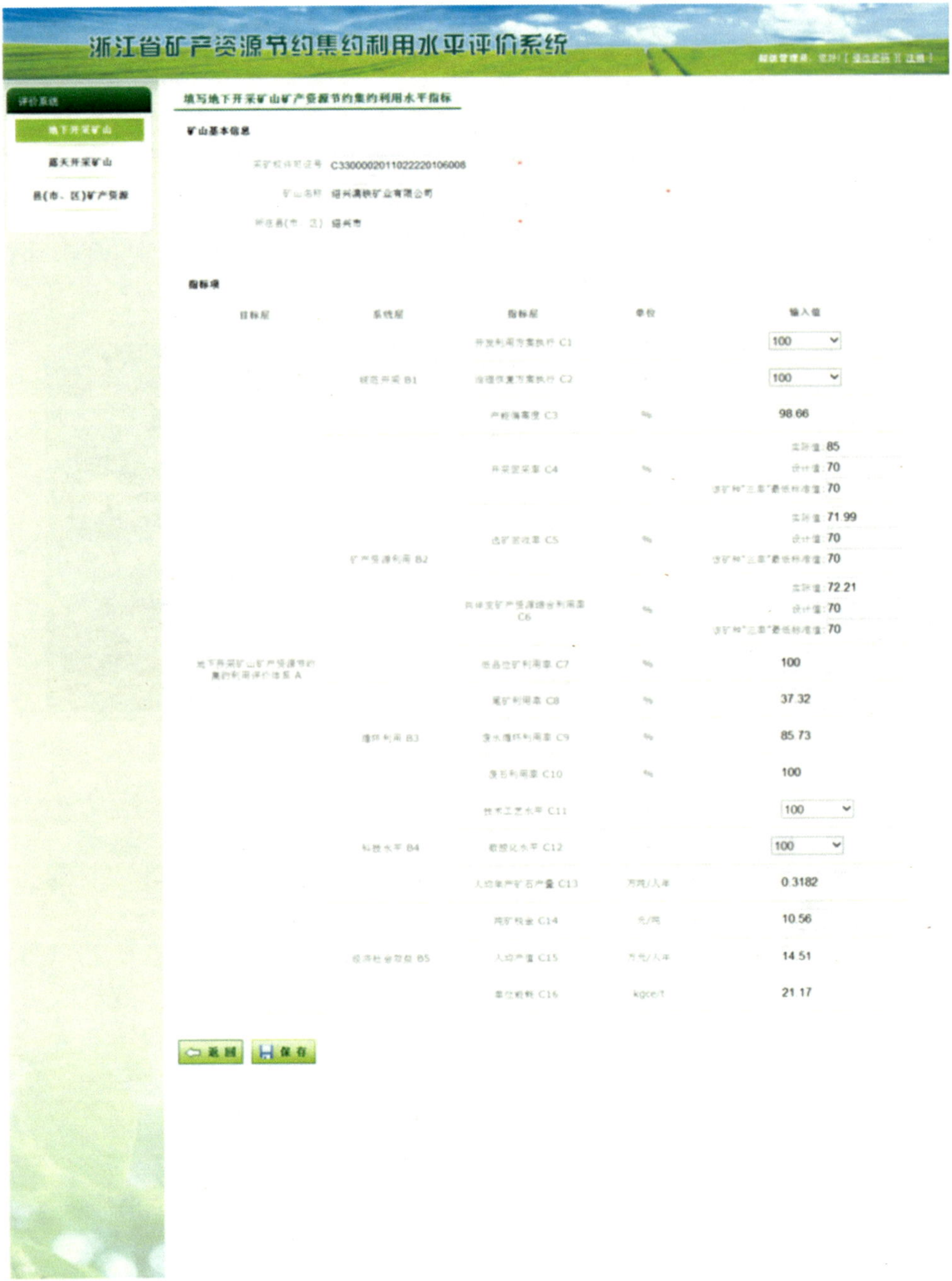

图 5-4 地下开采矿山评估页面

■ 6 结 论

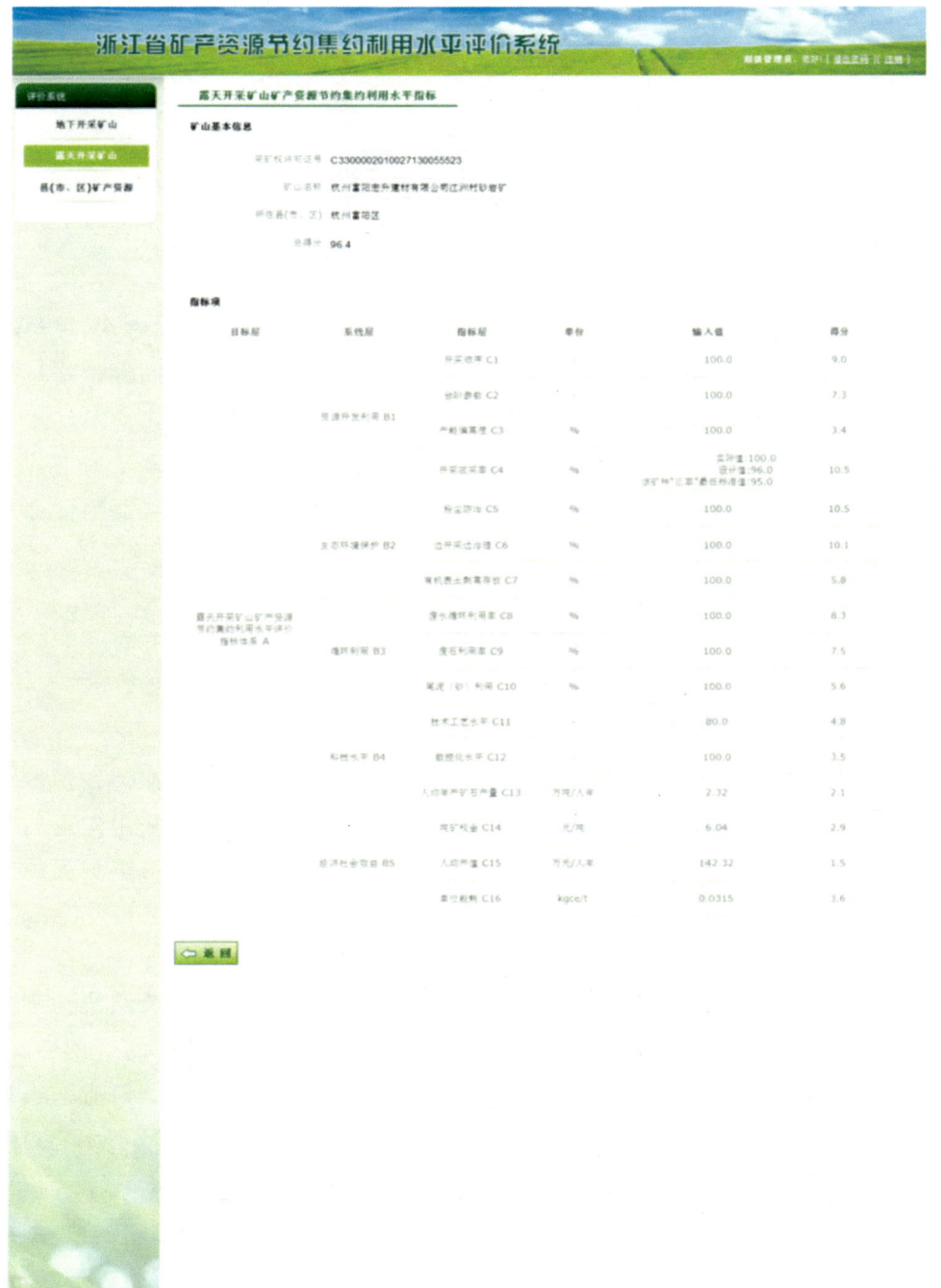

图 5-5 露天开采矿山评估页面

6 结 论

本书通过使用收集前人资料、专家讨论以及实地调研等研究方法,最终确立了3套相对完整的适用于浙江省矿产资源节约集约利用水平的评价指标体系。从试评估结果分析来看,评估值与矿山企业的开发利用实际情况基本一致,能够客观地反映出矿山企业的资源节约集约利用水平,说明本次研究建立的矿产资源节约集约利用水平评价指标体系具有较好的科学性、适用性和可操作性。

6.1 项目取得的主要成果

1)研究提出了矿产资源节约集约利用的概念

本书通过对前人研究成果的吸收、实地调研及讨论,提出了矿产资源节约集约利用的概念,即以最少的资源消耗、最低的环境代价,通过采用先进的技术工艺和科学的管理方法,优化产业配制,高效利用资源,从而产生最大的经济社会效益和生态环境效益。

2)探索建立了矿产资源节约集约利用调查方法

本书在以往相关工作的基础上,研究制定了两套矿产资源节约集约利用调查表,涵盖内容全面、表式设计合理、解释说明详细,具有较好的适用性,为本次研究工作的顺利开展提供大量翔实的数据资料。采用的全面调查与实地核查相结合的调查调研方法,保证了研究数据的可靠性和科学性。

3)研究建立了完整的矿产资源节约集约利用水平评价指标体系

本书通过吸收消化前人的研究成果,经过大量的实地矿山企业调研,通过深入研究和反复修改论证,提出了影响矿产资源节约集约利用的关键因素,制定了3套评价指标项,提出了每个指标项的评价基准值,并采用德尔菲法,通过大量专家打分,确定了每个指标项的打分权重,从而确立了评价体系的目标层、系统层和指标层,建立了地下开采矿山、露天开采矿山和县(市、区)等 3 套完整的矿产资源节约集约利用水平评价指标体系,为政府科学管理矿产资源节约集约利用提供了技术支撑。

4)初步掌握了浙江省矿产资源节约集约利用水平现状

通过对 103 家省内矿山企业和 10 家省外典型矿山企业节约集约利用水平试评估,一方面检验了本次研究建立的评价指标体系的合理性和科学性,另一方面也对比分析了与省外典型矿山企业节约集约利用水平的高低,得出浙江省矿产资源节约集约利用水平总体较高,但差距明显。大中型矿山企业节约集约利用水平与省外典型矿山企业基本持平并有一定优势,但小型矿山企业节约集约利用水平普遍不高,先进技术工艺应用明显不足。

5)初步建立了节约集约利用水平自动评价系统

本次研究在任务书要求之外,为降低企业的填报工作量、提升今后评价工作的效率,通过计算机编程,初步开发建成了矿产资源节约集约利用水平自动评价系统。该系统在以后的使用中,以矿业权人公示的年度勘查开采信息为依据,获取评价所需要的相关数据信息,按照每个指标项的打分规则,自动计算得出每个矿山企业的节约集约利用水平评估分值,保证了评价工作的客观、公平、公正。

6.2 存在的主要问题

第一,部分小型矿山企业技术力量薄弱、相关资料不全。

浙江省的地下开采矿山(特别是金属矿)以小型矿山居多,大多数矿山未配备相关技术人员,生产管理制度不健全,生产台账和储量台账未建立,无法提供翔实的基础资料。有的矿山企业管理人员专业技术知识匮乏,对部分信息项的含义不理解或者理解有偏差,导致填报的数据信息不准确、不完整,这对本次研究工作造成了一定影响。

第二,评价指标体系的普适性还有待进一步论证完善。

本书以前人的理论研究为基础,重新厘定了矿产资源节约集约利用的内涵和反映节约集约利用水平的主要指标,但国内学者对节约集约的概念仍有不同认识和理解,对节约集约利用所涵盖的内容也有不同意见。加上浙江省矿产资源开发以普通建筑石料矿为主、金属和非金属矿山以小型为主的现状,本次研究建立的节约集约利用水平评价指标体系,是否具有推而广之的普适性和较好的可应用性,还有待实践检验和后续研究。

6.3 关于政策建议

第一,加快建立矿产资源节约集约利用动态监管机制,推动矿业领域生态文明建设。

矿产资源的节约集约利用,是落实节约资源、保护环境基本国策的重要举措,是矿业领域生态文明建设的基本遵循。基于矿业权人勘查开采信息公示、矿山开发利用年度统计、地矿信用监管等工作,建立矿产资源节约集约利用水平评价机制,定期开展系统性评价工作,形成矿山企业矿产资源节约集约利用水平排序,建立节约集约利用先进企业和不达标企业名单,并向社会公开。对先进企业,作为荣誉信息在其年度信用等级评价中予以加分;对不达标的矿山企业,作为失信信息在其年度信用等级评价中予以扣分,同时加大监管力度,通过矿产督察等监管手段,督促其限期整改;对连续几年处于不达标名单的矿山企业,列入矿业权人异常名录。通过矿产资源节约集约利用动态监管,促使矿山企业加大科技投入,提升采选技术工艺水平,降低资源成本,减少污染排放,从而推动矿产资源利用方式的加快转变,实现矿产资源开发的生态效益、社会效益、经济效益的同步提升。

第二,加强矿产资源勘查开采源头管控力度,夯实节约集约利用基础。

矿产资源的综合勘查评价工作,是矿产资源节约集约利用的前提。在矿产资源勘查阶段,必须查明矿产资源的空间赋存状态、地质可靠程度和开采技术可行性,为开发利用设计阶段选取合理、可行的采矿方法提供依据;在勘查主矿种的同时,必须对共生、伴生矿产资源进行综合勘查、综合评价,为共伴生矿产综合回收利用的技术可行性和经济合理性评价提供依据。对没有进行综合勘查、综合评价的矿产资源储量报告,不能作为新设采矿权的依据,管理部门应不予备案。矿山开发利用方案,是矿山企业节约集约利用矿产资源的主要依据。开发利用方案,应选用合理的采矿方法和选矿工艺,明确所能达到的"三率"指标,制定废石、尾矿、废水、废气等综合利用方式,为矿山开采提供指导。管理部门应加强开发利用方案审查,不符合相关规定的,不予审查通过,不予颁发采矿许可证。从源头上为矿产资源的节约集约利用提供可行性,夯实节约集约利用基础。

第三，加快建立经济调节机制，提升企业节约集约利用资源的内在动力。

矿山企业以追求经济效益最大化为目的，而加强矿产资源的节约集约利用，势必会增加企业的短期成本投入，因此部分矿山企业的积极性明显不高。以往，国土资源部门实施开采回采率与资源补偿费挂钩的机制，取得了不错的效果。在资源补偿费取消后，资源税成为了可供利用的少数调节手段之一。建议自然资源部门联合税务部门，建立矿产资源节约集约利用与资源税挂钩的激励惩戒机制，对节约集约利用水平较高的先进企业，按照排序先后给予不同比例的资源税减免，对节约集约利用水平较低的不达标企业，按照一定比例提高其资源税缴纳税率，实现激励先进、惩戒落后，同时又可以保证全省资源税征收额度总体平衡。通过资源税调节，促使矿山企业加大科技投入，提升采选技术水平，提高矿产资源利用效率。

第四，加大先进技术工艺的示范推广，强化政府政策引导。

矿产资源的节约集约利用虽然是企业行为，但离不开政府的推动引导和政策支持。多年来，浙江省部分矿山企业注重与科研院所的长期合作，在采矿技术、选矿工艺、药剂研发、理论研究等方面不断创新，积累了不少实践经验。浙江省矿产资源综合利用示范基地建设也取得了明显成效，相关技术工艺已达到国内甚至国际领先水平。但是这些先进的技术工艺和创新理论并没有得到有效的推广应用，仅局限于本矿山企业使用，限制了全省矿产资源利用水平的快速提升。相关主管部门应在坚持市场主导地位的同时，加强政策研究、加大宏观调控力度，建立技术应用交流平台，促进企业与企业之间、企业与科研院所之间的技术交流，及时跟踪、发布国内外矿产资源节约与综合利用的技术、人才、设备、产品等信息，做好技术研发与市场需求之间的有效对接，缓解关键性技术问题亟待突破与大量科研成果"积压"的两难局面。同时应充分发挥地矿行业协会的纽带作用。

附录一　地下开采矿山节约集约利用水平评价指标

地下开采矿山节约集约利用水平评价指标由三部分组成:评价指标项、指标项标准值(基准值)和指标项权重。

一、评价指标项的组成

地下开采矿山节约集约利用水平评价指标由目标层、系统层和指标层三部分组成。这三者是隶属关系,即把评价指标作为目标层(A),目标层之下划分若干系统层(B),每一个系统层之下又划分若干指标层(C)。

目标层(A):地下开采矿山节约集约水平评价指标。

系统层(B):共5个,即规范开采 $B1$、矿产资源利用 $B2$、循环利用 $B3$、科技水平 $B4$、经济社会效益 $B5$。

指标层(C):共16个。$B1$ 之下的指标项3个:开发利用方案执行 $C1$、治理恢复方案执行 $C2$、产能偏离度 $C3$;$B2$ 之下的指标项4个:开采回采率 $C4$、选矿回收率 $C5$、共伴生矿产资源综合利用率 $C6$、低品位矿利用率 $C7$;循环利用 $B3$ 之下的指标项3个:尾矿利用率 $C8$、废水循环利用率 $C9$、废石利用率 $C10$;科技水平 $B4$ 之下的指标项3个:技术工艺水平 $C11$、数控化水平 $C12$、人均年产矿石量 $C13$;经济社会效益 $B5$ 之下的指标项3个:吨矿税金 $C14$、人均产值 $C15$、单位能耗 $C16$。

各指标层的说明如下:

$C1$(开发利用方案执行):是反映矿山企业是否按照开发利用方案进行采矿活动的指标,指矿山是否严格按照开发利用方案设计的采矿方法、开采顺序、开拓运输方式进行开发利用。这三项考察内容都需要与开发利用方案一致。

$C2$(治理恢复方案执行):是反映矿山企业落实边开采边治理要求的指标,

指矿山企业是否严格按照恢复治理方案对开采活动造成的破坏(地面塌陷、地裂缝、崩塌、滑坡、含水层破坏、地形地貌景观破坏等)、形成的采空区等及时进行治理恢复。

C3(产能偏离度):是约束矿山产能利用的指标。矿山实际产能相对于设计产能,上下浮动应控制在30%以内,即

$$\frac{矿山实际生产能力-矿山设计生产能力}{矿山设计生产能力} \times 100\% < 30\%$$

C4(开采回采率):是指当期采出的纯矿石量占当期消耗的资源储量的百分比。

$$开采回采率 = \frac{原矿采出量}{消耗的资源储量} \times 100\%$$

$$= \left(1 - \frac{开采损失量}{消耗的资源储量}\right) \times 100\%$$

C5(选矿回收率):精矿中某有用组分的质量占入选原矿中该有用组分质量的百分比。

$$选矿回收率 = \frac{精矿产品中某组分质量}{入选原矿中该组分质量} \times 100\%$$

$$= \frac{(某组分精矿产品质量 \times 该组分精矿品位)}{(入选原矿总质量 \times 该组分原矿品位)}$$

C6(共伴生矿产资源综合利用率):是指采选作业中,各最终精矿产品中共伴生有用组分的质量之和与当期消耗矿产资源储量中共伴生有用组分质量之和的百分比。

$$\frac{共伴生矿产资源}{综合利用率} = \frac{采选利用的共伴生有用组分质量之和}{消耗资源储量中共伴生有用组分质量之和} \times 100\%$$

C7(低品位矿利用率):低品位矿是指达到边界品位、低于最低工业品位的矿石。

$$低品位矿利用率 = \frac{当期低品位矿利用量}{当期低品位矿开采量} \times 100\%$$

C8(尾矿利用率):是指矿山生产过程中,年度利用的尾矿量与年度生产的尾矿量的百分比,利用的尾矿量包括回收有价元素的尾矿量、用于制作建筑材料的量及矿山回填量等。

$$尾矿利用率 = \frac{年度利用尾矿量}{年度生产尾矿量} \times 100\%$$

C9(废水循环利用率):废水是指矿山在采选生产作业中,产生的不符合排放指标的污水。废水循环利用率是指矿山回收利用的废水占废水总量的百分比。

$$\text{废水循环利用率} = \frac{\text{年度生产的废水质量} - \text{年度排放的废水质量}}{\text{年度生产的废水质量}} \times 100\%$$

C10(废石利用率):废石是指采矿作业中采出的未能进入选矿等后续作业的围岩、夹石等固体废弃物。废石利用率是指当期废石利用量占当期废石生产总量的百分比。

$$\text{废石利用率} = \frac{\text{年度利用的废石量}}{\text{年度产生的废石量}} \times 100\%$$

C11(技术工艺水平):采用《矿产资源节约与综合利用鼓励技术目录》或《矿产资源节约与综合利用先进适用技术推广目录》中的采矿技术工艺或选矿加工技术工艺生产的矿山,得分;采用《矿产资源节约与综合利用淘汰技术目录》中的采矿技术工艺或选矿加工技术工艺生产的矿山,减分。

C12(数控化水平):矿山是否组建信息化生产调度中心。

C13(人均年产矿石量):是指矿山工作人员的人均年度产出的矿石量,是衡量人均矿石生产能力的指标。

$$\text{人均年矿石量} = \frac{\text{年度矿山开采量总值}}{\text{当年度矿山职员总数}}$$

C14(吨矿税金):是指矿山年度缴税总额与矿山年度矿石采出总矿量之比,是衡量矿山经济的一个指标。

$$\text{吨矿税金} = \frac{\text{矿山年度缴税总额}}{\text{矿山年度矿石采出总量}}$$

C15(人均产值):是指矿山年度工业总产值与当年度矿山职员人数的百分比,是衡量矿山经济的指标。

$$\text{人均产值} = \frac{\text{年度矿山工业总产值}}{\text{当年度矿山职员总数}}$$

C16(单位能耗):是指单位原矿(每吨)所消耗的某种能源量。

$$\text{吨矿产品能耗} = \frac{\text{能源消费总量}}{\text{采出原矿量}}$$

二、评价指标项的标准值

本研究中,每个指标项的标准值(基准值)的满值在无量纲化后为100。地下开采矿山节约集约利用水平评价指标标准值（基准值）计算公式如下。

B1 规范开采

C1 开发利用方案执行

定性指标。在无量纲化的过程中，将最高级视为100分。按照矿山开发利用方案设计的采矿方法、开采顺序以及开拓运输方式进行考核。三项考核指标都与开发利用方案一致的，得100分。有一项及以上不一致的，得0分。

C2 治理恢复方案执行

定性指标。在无量纲化的过程中，将最高级视为100分。按照恢复治理方案规定的对开采活动造成的破坏（地面塌陷、地裂缝、坍塌、滑坡、含水层破坏、地形地貌景观破坏等）、形成的采空区等是否及时进行治理恢复进行考核。所有项目皆符合恢复治理方案要求，得100分。有一项及以上不符合的，得0分。

C3 产能偏离度

定量指标，分为3个等级。在无量纲化的过程中，将最高级视为100分，第二等级视为80分，第三等级视为0分。矿山产能利用率在70%～130%之间的为合理值，为最高级；产能利用率在30%～70%或130%～170%之间的为第二等级；产能利用率小于30%或大于170%的为第三等级。

B2 矿产资源利用

C4 开采回采率

定量指标，分为3个等级。在无量纲化的过程中，将最高级视为100分，第二等级视为60分，第三等级视为0分。开采回采率达到或超过设计值为第一等级；开采回采率在设计值和"三率"最低标准值之间的为第二等级；开采回采率低于"三率"最低标准值的为第三等级。

C5 选矿回收率

定量指标，分为3个等级。在无量纲化的过程中，将最高级视为100分，第二等级视为60分，第三等级视为0分。选矿回收率达到或超过设计值的为第一等级；选矿回收率在设计值和"三率"最低标准值之间的为第二等级；选矿回收率低于"三率"最低标准值的为第三等级。

C6 共伴生矿产资源综合利用率

定量指标，分为3个等级。在无量纲化的过程中，将最高级视为100分，第二等级视为60分，第三等级视为0分。共伴生矿产资源综合利用率达到或超过设计值的为第一等级;选矿回收率在设计值和"三率"最低标准值之间的为第二等级;选矿回收率低于"三率"最低标准值的为第三等级。

C7 低品位矿利用率

定量正向指标,取调查矿山低品位矿利用率最高的矿山数值作为满意值,记为 $C7^{100}$;取调查矿山低品位矿利用率最低的矿山数值作为标准值,记为 $C7^0$;评价矿山的低品位矿利用率记为 $C7$。

评价矿山的无量纲得分为:

$$\text{score}(C7) = \frac{C7 - C7^0}{C7^{100} - C7^0} \times 100$$

B3 循环利用

C8 尾矿利用率

定量正向指标,取调查矿山中尾矿利用率最高的矿山数值作为满意值,记为 $C8^{100}$;取调查矿山中尾矿利用率最低的矿山数值作为标准值,记为 $C8^0$;评价矿山的尾矿利用率记为 $C8$。

评价矿山的无量纲得分为:

$$\text{score}(C8) = \frac{C8 - C8^0}{C8^{100} - C8^0} \times 100$$

C9 废水循环利用率

定量正向指标,取调查矿山中废水循环利用率最高的矿山数值作为满意值,记为 $C9^{100}$;取调查矿山中废水循环利用率最低的矿山数值作为标准值,记为 $C9^0$;评价矿山的废水循环利用率记为 $C9$。

评价矿山的无量纲得分为:

$$\text{score}(C9) = \frac{C9 - C9^0}{C9^{100} - C9^0} \times 100$$

C10 废石利用率

定量正向指标,取调查矿山中废石利用率最高的矿山数值作为满意值,记为 $C10^{100}$;取调查矿山中废石利用率最低的矿山数值作为标准值,记为 $C10^0$;评价矿山的废石利用率记为 $C10$。

评价矿山的无量纲得分为:

$$\text{score}(C10) = \frac{C10 - C10^0}{C10^{100} - C10^0} \times 100$$

B4 科技水平

C11 技术工艺水平

定性指标,分为"采用《矿产资源节约与综合利用鼓励技术目录》或《矿产资源节约与综合利用先进适用技术推广目录》中的采矿技术工艺或选矿加工技术工艺;未采用《矿产资源节约与综合利用鼓励技术目录》《矿产资源节约与综合利用先进适用技术推广目录》或《矿产资源节约与综合利用淘汰技术目录》中的采矿技术工艺或选矿加工技术工艺生产;采用《矿产资源节约与综合利用淘汰技术目录》中的采矿技术工艺或选矿加工技术工艺"3个等级,在无量纲化的过程中,分别视为100分、80分和0分。

C12 数控化水平

定性指标,分为"有信息化调度中心和无信息化调度中心"两个等级,在无量纲化的过程中,将有信息化调度中心视为100分,将无信息化调度中心视为0分。

C13 人均年产矿石量

定量指标,分3个等级。在无量纲化的过程中,将最高级视为100分,第二等级视为60分,第三等级视为0分。人均年产矿石量是全省平均值2倍以上的为第一等级;人均年产矿石量在全省平均值50%～200%之间的为第二等级;人均年产矿石量小于全省平均值50%的为第三等级。

B5 经济社会效益

C14 吨矿税金

定量指标,分3个等级。在无量纲化的过程中,将最高级视为100分,第二等级视为60分,第三等级视为0分。吨矿税金是全省平均值2倍以上的为第一等级;吨矿税金在全省平均值50%～200%之间的为第二等级;吨矿税金小于全省平均值50%的为第三等级。

C15 人均产值

定量指标,分3个等级。在无量纲化的过程中,将最高级视为100分,第二等级视为60分,第三等级视为0分。人均产值是全省平均值2倍以上的为第一等级;人均产值在全省平均值50%～200%之间的为第二等级;人均产值小于全省平均值50%的为第三等级。

C16 单位能耗

定量指标,分3个等级。在无量纲化的过程中,将最高级视为100分,第二等级视为 60 分，第三等级视为 0 分。单位能耗小于全省平均值 50% 的为第一等级；单位能耗在全省平均值 50%～200% 之间的为第二等级；单位能耗是全省平均值 2 倍以上的为第三等级。

三、指标项权重

本书将目标层的总权重设定为 100，指标权重值分配如表 1、表 2 所示。

表 1 指标权重分配表

系统层	权重值	指标层	权重值
B1	21.9	C1	12.5
		C2	6.2
		C3	3.2
B2	35.2	C4	12.3
		C5	10.0
		C6	7.7
		C7	5.2
B3	20.8	C8	8.6
		C9	6.6
		C10	5.6
B4	13.3	C11	6.7
		C12	3.5
		C13	3.1
B5	8.8	C14	3.0
		C15	2.3
		C16	3.5

表2 地下开采矿山矿产资源节约集约利用水平评价指标

目标层	系统层	指标层	单位	属性	类型
地下开采矿山矿产资源节约集约利用水平评价指标体系A	规范开采B1	开发利用方案执行C1	—	正向	定性
		治理恢复方案执行C2	—	正向	定性
		产能偏离度C3	%	中性	定量
	矿产资源利用B2	开采回采率C4	%	正向	定量
		选矿回收率C5	%	正向	定量
		共伴生矿产资源综合利用率C6	%	正向	定量
		低品位矿利用率C7	%	正向	定量
	循环利用B3	尾矿利用率C8	%	正向	定量
		废水循环利用率C9	%	正向	定量
		废石利用率C10	%	正向	定量
	科技水平B4	技术工艺水平C11	—	中性	定性
		数控化水平C12	—	正向	定性
		人均年产矿石量C13	万t/人	正向	定量
	经济社会效益B5	吨矿税金C14	元/t	正向	定量
		人均产值C15	万元/人	正向	定量
		单位能耗C16	kgce/t	负向	定量

浙江省矿产资源节约集约利用水平评价指标体系研究

附录二　露天开采矿山节约集约利用水平评价指标

露天开采矿山节约集约利用水平评价指标由三部分组成：评价指标项、指标项标准值（基准值）和指标项权重。

一、评价指标项的组成

露天开采矿山节约集约利用水平评价指标由目标层、系统层和指标层三部分组成。这三者是隶属关系，即把评价指标作为目标层（A），目标层之下划分若干系统层（B），每一个系统层之下又划分若干指标层（C）。

目标层（A）：露天开采矿山节约集约水平评价指标。

系统层（B）：共5个，即资源开发利用 $B1$、生态环境保护 $B2$、循环利用 $B3$、科技水平 $B4$、经济社会效益 $B5$。

指标层（C）：共16个。资源开发利用 $B1$ 之下的指标项4个：开采顺序 $C1$、台阶参数 $C2$、产能偏离度 $C3$、开采回采率 $C4$；生态环境保护 $B2$ 之下的指标项3个：粉尘防治 $C5$、边开采边治理 $C6$、有机表土剥离存放 $C7$；循环利用 $B3$ 之下的指标项3个：废水循环利用率 $C8$、废石利用率 $C9$、尾泥（砂）利用率 $C10$；科技水平 $B4$ 之下的指标项3个：技术工艺水平 $C11$、数控化水平 $C12$、人均年产矿石量 $C13$；经济社会效益 $B5$ 之下的指标项3个：吨矿税金 $C14$、人均产值 $C15$、单位能耗 $C16$。

各指标层的说明如下：

$C1$（开采顺序）：是指矿山采矿环节是否严格按照自上而下、分台阶开采的顺序开采。

$C2$（台阶参数）：是指开采台阶的宽度、高度及坡角是否严格按照开发利用方案执行。

C3(产能偏离度):是约束矿山产能利用的指标。矿山实际产能相对于设计产能,上下浮动应控制在30%以内,即:

$$\frac{矿山实际生产能力-矿山设计生产能力}{矿山设计生产能力}\times100\%<30\%$$

C4(开采回采率):是指当期采出的纯矿石量占当期消耗的资源储量的百分比。

$$开采回采率=\frac{原矿采出量}{消耗的资源储量}\times100\%$$
$$=\left(1-\frac{开采损失量}{消耗的资源储量}\right)\times100\%$$

C5(粉尘防治):根据相关文件要求,矿山每月需要进行1次粉尘浓度检测。年度12次检测达标,该年度粉尘防治即为达标;有1次或1次以上检测不达标,该年度粉尘防治即为不达标。

C6(边开采边治理):是反映矿山企业落实治理恢复义务的指标,指矿山企业是否严格按照恢复治理方案对开采活动造成的破坏、已形成的终了边坡等及时进行恢复治理。

C7(有机表土剥离存放):是指开采过程中,最上层的有机表土是否进行单独剥离,并按要求妥善保存。

C8(废水循环利用率):废水是指矿山在采选生产作业中,产生的不符合排放指标的污水。废水循环利用率是指矿山回收利用的废水占废水总量的百分比。

$$\frac{废水循环}{利用率}=\frac{年度生产的废水质量-年度排放的废水质量}{年度生产的废水质量}\times100\%$$

C9(废石利用率):废石是指采矿作业中采出的未能进入选矿等后续作业的围岩、夹石等固体废弃物。废石利用率是指当期废石利用量占当期废石生产总量的百分比。

$$废石利用率=\frac{年度利用的废石量}{年度产生的废石量}\times100\%$$

C10(尾泥(砂)利用率):是指加工环节后(包括沉淀池中)所剩余的尾泥、尾砂及其他固废,是否加以加工利用。

C11(技术工艺水平)：采用《矿产资源节约与综合利用鼓励技术目录》或《矿产资源节约与综合利用先进适用技术推广目录》中的采矿技术工艺或选矿加工技术工艺生产的矿山，得分；采用《矿产资源节约与综合利用淘汰技术目录》中的采矿技术工艺或选矿加工技术工艺生产的矿山，减分。

C12(数控化水平)：矿山是否组建信息化生产调度中心或自动化加工流程。

C13(人均年产矿石量)：是指矿山工作人员的人均年度产出的矿石量，是衡量人均矿石生产能力的指标。

$$人均年产矿石量 = \frac{年度矿山开采量总值}{当年度矿山职员总数}$$

C14(吨矿税金)：是指矿山年度缴税总额与矿山年度矿石采出总矿量之比，是衡量矿山经济的一个指标。

$$吨矿税金 = \frac{矿山年度缴税总额}{矿山年度矿石采出总量}$$

C15(人均产值)：是指矿山年度工业总产值与当年度矿山职员人数的百分比，是衡量矿山经济的指标。

$$人均产值 = \frac{年度矿山工业总产值}{当年度矿山职员总数}$$

C16(单位能耗)：是指单位原矿(每吨)所消耗的某种能源量。

$$吨矿产品能耗 = \frac{能源消费总量}{采出原矿量}$$

二、评价指标项的标准值

本书中每个指标项的标准值(基准值)的满值在无量纲化后为100。露天开采矿山节约集约利用水平评价指标标准值(基准值)计算公式如下：

B1 资源开发利用

C1 开采顺序

定量指标。是指矿山采矿环节是否严格按照自上而下、分台阶开采的顺序开采。符合此要求的，记为100分；不符合的，记为0分。

附录二　露天开采矿山节约集约利用水平评价指标

C2 台阶参数

定量指标。是指开采台阶的宽度、高度及坡角是否严格按照开发利用方案执行。每一项都符合开发利用方案要求的,记为 100 分;有一项或多项不符合的,记为 0 分。

C3 产能偏离度

定量指标,分 3 个等级。在无量纲化的过程中,将最高级视为 100 分,第二等级视为 60 分,第三等级视为 0 分。矿山产能利用率在 70%～130%之间的为合理值;产能利用率在 30%～70%或 130%～170%之间的为不合理值;产能利用率小于 30%或大于 170%的为极端不合理值。

C4 开采回采率

定量指标,分 3 个等级。在无量纲化的过程中,将最高级视为 100 分,第二等级视为 60 分,第三等级视为 0 分。开采回采率达到或超过设计值的为第一等级;开采回采率在设计值和"三率"最低标准值之间的为第二等级;开采回采率低于"三率"最低标准值的为第三等级。

B2 生态环境保护

C5 粉尘防治

定量指标。矿山每月需要进行 1 次粉尘浓度检测。年度 12 次检测达标,该年度粉尘防治即为达标;有 1 次或 1 次以上检测不达标,该年度粉尘防治即为不达标。在无量纲化的过程中,将矿山粉尘达标视为 100 分,将不达标视为 0 分。

C6 边开采边治理

定量指标。矿山严格按照恢复治理方案对开采活动造成的破坏、已形成的终了边坡等及时进行恢复治理的,记为 100 分;不合格的,记为 0 分。

C7 有机表土剥离存放

定量指标。反映最上层的有机表土是否进行单独剥离,并按要求妥善保存。在无量纲化的过程中,将妥善保存视为 100 分,将未按要求存放视为 0 分。

B3 循环利用

C8 废水循环利用率

定量正向指标,取调查矿山中废水循环利用率最高的矿山数值作为满意值,记为 $C8^{100}$;取调查矿山中废水循环利用率最低的矿山数值作为标准值,记

为 $C8^0$；评价矿山的废水循环利用率记为 $C8$。

评价矿山的无量纲得分为：

$$\text{score}(C8) = \frac{C8 - C8^0}{C8^{100} - C8^0} \times 100$$

C9 废石利用率

定量正向指标，取调查矿山中废石利用率最高的矿山数值作为满意值，记为 $C9^{100}$；取调查矿山中废石利用率最低的矿山数值作为标准值，记为 $C9^0$；评价矿山的废石利用率记为 $C9$。

评价矿山的无量纲得分为：

$$\text{score}(C9) = \frac{C9 - C9^0}{C9^{100} - C9^0} \times 100$$

C10 尾泥（砂）利用率

定量正向指标，取调查矿山中尾矿利用率最高的矿山数值作为满意值，记为 $C10^{100}$；取调查矿山中尾矿利用率最低的矿山数值作为标准值，记为 $C10^0$；评价矿山的尾矿利用率记为 $C10$。

评价矿山的无量纲得分为：

$$\text{score}(C10) = \frac{C10 - C10^0}{C10^{100} - C10^0} \times 100$$

B4 科技水平

C11 技术工艺水平

定性指标，分为"采用《矿产资源节约与综合利用鼓励技术目录》或《矿产资源节约与综合利用先进适用技术推广目录》中的采矿技术工艺或选矿加工技术工艺；未采用《矿产资源节约与综合利用鼓励技术目录》《矿产资源节约与综合利用先进适用技术推广目录》或《矿产资源节约与综合利用淘汰技术目录》中的采矿技术工艺或选矿加工技术工艺生产；采用《矿产资源节约与综合利用淘汰技术目录》中的采矿技术工艺或选矿加工技术工艺"3 个等级，在无量纲化的过程中，分别视为 100 分、80 分和 0 分。

C12 数控化水平

定性指标，分为"有信息化调度中心和无信息化调度中心"两个等级，在无量纲化的过程中，将有信息化调度中心视为 100 分，将无信息化调度中心视为 0 分。

C13 人均年产矿石量

定量指标,分3个等级。在无量纲化的过程中,将最高级视为100分,第二等级视为60分,第三等级视为0分。人均年产矿石量是全省平均值2倍以上的为第一等级;人均年产矿石量在全省平均值50%～200%之间的为第二等级;人均年产矿石量小于全省平均值50%的为第三等级。

B5 社会经济效益

C14 吨矿税金

定量指标,分3个等级。在无量纲化的过程中,将最高级视为100分,第二等级视为60分,第三等级视为0分。吨矿税金是全省平均值2倍以上的为第一等级;吨矿税金在全省平均值50%～200%之间的为第二等级;吨矿税金小于全省平均值50%的为第三等级。

C15 人均产值

定量指标,分3个等级。在无量纲化的过程中,将最高级视为100分,第二等级视为60分,第三等级视为0分。人均产值是全省平均值2倍以上的为第一等级;人均产值在全省平均值50%～200%之间的为第二等级;人均产值小于全省平均值50%的为第三等级。

C16 单位能耗

定量指标,分3个等级。在无量纲化的过程中,将最高级视为100分,第二等级视为60分,第三等级视为0分。单位能耗小于全省平均值50%的为第一等级;单位能耗在全省平均值50%～200%之间的为第二等级;单位能耗是全省平均值2倍以上的为第三等级。

三、指标项权重

本书将目标层的总权重设定为100,指标权重值分配如表1、表2所示。

表 1　指标权重分配表

系统层	权重值	指标层	权重值
B1	30.2	C1	9
		C2	7.3
		C3	3.4
		C4	10.5
B2	26.4	C5	10.5
		C6	10.1
		C7	5.8
B3	21.4	C8	8.3
		C9	7.5
		C10	5.6
B4	13	C11	6.0
		C12	3.5
		C13	3.5
B5	9	C14	2.9
		C15	2.5
		C16	3.6

附录二 露天开采矿山节约集约利用水平评价指标

表 2 露天开采矿山矿产资源节约集约利用水平评价指标

目标层	系统层	指标层	单位	属性	类型
露天开采矿山矿产资源节约集约利用水平评价指标体系 A	资源开发利用 B1	开采顺序 C1	—	正向	定量
		台阶参数 C2	—	正向	定量
		产能偏离度 C3	%	中性	定量
		开采回采率 C4	%	正向	定量
	生态环境保护 B2	粉尘防治 C5	%	正向	定量
		边开采边治理 C6	%	正向	定量
		有机表土剥离存放 C7	%	正向	定量
	循环利用 B3	废水循环利用率 C8	%	正向	定量
		废石利用率 C9	%	正向	定量
		尾泥（砂）利用率 C10	%	正向	定量
	科技水平 B4	技术工艺水平 C11	—	中性	定性
		数控化水平 C12	—	正向	定性
	经济社会效益 B5	人均年产矿石量 C13	万 t/人	正向	定量
		吨矿税金 C14	元/t	正向	定量
		人均产值 C15	万元/人	正向	定量
		单位能耗 C16	kgce/t	负向	定量

浙江省矿产资源节约集约利用水平评价指标体系研究

附录三 县(市、区)矿产资源节约集约利用水平评价指标

县(市、区)矿产资源节约集约利用水平评价指标由三部分组成:评价指标项、指标项标准值(基准值)和指标项权重。

一、评价指标项的组成

县(市、区)矿产资源节约集约利用水平评价指标由目标层、系统层和指标层三部分组成。这三者是隶属关系,即把评价指标作为目标层(A),目标层之下划分若干系统层(B),每一个系统层之下又划分若干指标层(C)。

目标层(A):县(市、区)矿产资源节约集约水平评价指标。

系统层(B):共 4 个,即区域矿山综合情况 $B1$、规划布局 $B2$、开采秩序 $B3$、生态环境保护 $B4$。

指标层(C):共 12 个。区域矿山综合情况 $B1$ 之下的指标项 1 个:区域内矿山评价平均值 $C1$;规划布局 $B2$ 之下的指标项 4 个:砂石土矿山平均规模 $C2$、采矿权指标执行情况 $C3$、开采区矿权比例 $C4$、禁采区矿权个数 $C5$;开采秩序 $B3$ 之下的指标项 3 个:日常巡查制度执行 $C6$、矿山储量动态监测制度执行 $C7$、违法违规行为查处 $C8$;生态环境保护 $B4$ 之下的指标项 4 个:砂石土矿山设计最终边坡坡面面积与最终底盘面积比 $C9$、废弃矿山(井)治理率 $C10$、绿色矿山入库率 $C11$、治理恢复基金建立率 $C12$。

各指标层的说明如下:

$C1$(区域内矿山评价平均值):指县(市、区)内参与评价的全部矿山节约集约利用水平评价得分平均值。平均值 $= \sum_{i=1}^{n} S_n$。其中,S 为单个矿山节约集约利用水平评价得分,n 为区域内参与评价的矿山数。

$C2$(砂石土矿山平均规模):是反映县(市、区)内砂石土矿山规模化程度的指标。

$$砂石土矿山平均规模 = \frac{区域内砂石土矿山总生产规模}{砂石土矿山总数}$$

C3(采矿权指标执行情况):反映县(市、区)采矿权指标执行状况。

$$采矿权指标执行情况 = \frac{区内采矿权个数}{规划采矿权指标数} \times 100\%$$

C4(开采区矿权比例):该指标反映县(市、区)采矿权位置是否在规划划定的开采区之内。

$$开采区矿权比例 = \frac{开采区内采矿权个数}{评价区域内总采矿权个数} \times 100\%$$

C5(禁采区矿权个数):该指标反映县(市、区)采矿权位置是否在规划划定的禁采区之内。指禁采区内的采矿权数量。

C6(日常巡查制度执行):指县(市、区)自然资源部门及自然资源所落实矿山日常巡查制度情况。

C7(矿山储量动态监测制度执行):指县(市、区)自然资源部门落实矿产储量动态监管制定情况。

C8(违法违规行为查处):反映县(市、区)自然资源部门对矿山违法违规行为的查处力度。

$$\frac{违法违规}{行为查处率} = \frac{县域内当年度发生违法违规行为的次数}{县域内当年度立案查处的数量} \times 100\%$$

C9(砂石土矿山设计最终边坡坡面面积与最终底盘面积比):是指县(市、区)内砂石土矿山设计最终边坡坡面面积之和与设计最终底盘面积之和的比值。

C10(废弃矿山(井)治理率):指县(市、区)已经治理完成并通过验收的废弃矿山(井)个数与废弃矿山(井)总数之比。

$$\frac{废弃矿山(井)}{治理率} = \frac{已经治理完成的废弃矿山(井)个数}{废弃矿山(井)总数} \times 100\%$$

C11(绿色矿山入库率):反映评价区域内绿色矿山建成情况。

$$\frac{绿色矿山}{入库率} = \frac{列入国家绿色矿山名录的矿山数量}{总矿山数量} \times 100\%$$

C12(治理恢复基金建立率):是指县域内矿山是否按照要求建立矿山生态环境治理恢复基金。

$$\frac{治理恢复}{基金建立率} = \frac{已经建立治理恢复基金的矿山}{县域总矿山数} \times 100\%$$

二、评价指标项的标准值

由于县(市、区)整体评价涉及到的数据量过于庞大,部分数据目前还无法获得,标准值(基准值)在本次研究中暂付阙如,以待下一步研究细化。

三、指标项权重

本书将目标层的总权重设定为100,指标权重值分配如表1、表2所示。

表 1 指标权重分配表

系统层	权重值	指标项	权重值
B1	30.5	C1	30.5
B2	24.0	C2	8.3
		C3	5.2
		C4	4.6
		C5	5.9
B3	20.8	C6	5.6
		C7	5.8
		C8	9.4
B4	24.7	C9	5.4
		C10	7.6
		C11	6.7
		C12	5.0

附录三 县(市、区)矿产资源节约集约利用水平评价指标

表2 县(市、区)矿产资源节约集约利用水平评价指标

目标层	系统层	指标层	单位	属性	类型
县(市、区)矿产资源节约集约利用水平评价指标体系 A	区域矿山综合情况 B1	区域内矿山评价平均值 C1	—	正向	定量
	规划布局 B2	砂石土矿山平均规模 C2	万t	正向	定量
		采矿权指标执行情况 C3	%	正向	定量
		开采区矿权比例 C4	%	正向	定量
		禁采区矿权个数 C5	个	负向	定量
	开采秩序 B3	日常巡查制度执行 C6	—	中性	定量
		矿山储量动态监测制度执行 C7	—	中性	定量
		违法违规行为查处 C8	次	负向	定量
	生态环境保护 B4	砂石土矿山设计最终边坡坡面面积与最终底盘面积比 C9	—	中性	定量
		废弃矿山(井)治理率 C10	%	正向	定量
		绿色矿山入库率 C11	%	正向	定量
		治理恢复基金建立率 C12	%	正向	定量

主要参考文献

曹国志,李翠萍,汤万金,等.矿区可持续发展的模糊综合评价建模与系统实现[J].金属矿山,2009(11):93-96.

陈从喜.国际矿产资源节约集约利用发展趋势[J].国际博览,2012(4):46-47.

陈焕珍,边丽达,葛宝娜.矿区可持续发展评价[J].青岛理工大学学报,2005,26(5):36-39.

陈军,成金华.中国矿产资源开发利用的环境影响[J].中国人口·资源与环境,2015(3):78-85.

陈丽新,那春光.矿产资源高效集约开发利用综合评价指标体系研究[J].中国矿业,2016,25(10):67-73.

陈丽新,王雪峰,张丹.矿产资源集约利用评价体系及典型铁矿区实证研究[J].金属矿山,2017(02):24-30.

陈莲芳,张富有,严良.对我国西部矿产资源综合评价指标体系的构建[J].中国矿业,2008(10):24-26.

陈龙桂.区域矿产资源经济综合指标体系的确定与方法选择[J].矿产与地质,1991,24(5):382-387.

陈桥,胡科,雒昆利,等.基于AHP法的矿山生态环境综合评价模式研究[J].中国矿业大学学报,2006,3(35):377-383.

陈新燕,杜杨松.矿产资源环境质量评价初步研究[J].矿产保护与利用,2000(3):9-11.

程菲,罗建.一种改进不确定型AHP算法探讨[J].厦门大学学报(自然科学版),2006,45(2):186-192.

丁其光,徐明.矿产开发利用效率评价指标及方法初探[J].矿产综合利用,2012(2):53-55.

冯安生,许大纯.矿产资源新"三率"指标研究[J].矿产保护与利用,2012(4):4-7.

冯安生.加强矿产资源节约及集约利用的思考[J].矿产保护与利用,2011(5-6):1-3.

冯安生.我国矿产资源综合利用技术现状与若干发展方向[J].矿产保护与利用,2013(1):1-5.

冯聪.构建矿产资源节约与综合利用长效机制的思考[J].矿产保护与利用,2012(6):6-9.

葛振华.我国矿产资源综合利用中存在的问题及对策[J].中国矿业,2003,12(7):1-3.

郭敏,胡四春,刘新海.发展矿业循环经济实现矿产资源综合利用[J].矿产保护与利用,2007(3):1-5.

韩海青,苏迅.建立完善土地和矿产资源节约集约利用新机制[J].经济资源,2008(3):41-46.

胡道光,陈建国.金属矿产资源评价分析系统设计[J].地质科技情报,1998,17(1):45-49.

黄仁东,张攀,周扬,等.合理开发非能源矿产资源评价体系的构建与应用[J].世界科技研究与发展,2016(1):188-121.

兰平和.矿产资源节约集约利用政策体系研究[J].中国国土资源经济,2007(2):4-7.

乐海龙.矿产资源综合开发利用现状及未来发展趋势[J].能源研究与管理,2009(4):9-12.

李文芳,孔锐,王仁财.我国重要矿产资源评价指标体系研究[J].中国国土资源经济,2008(7):26-28.

李永峰,杜培军,张盼盼.矿产资源综合评价指标体系的构建及应用[J].理论经济学,2012(6):50-53.

梁凯,兰井志.我国矿产资源综合利用的现状及对策[J].中国矿业,2004,13(12):44-4.

刘宝顺.浅谈句子层次分析法[J].经济地理,2015(8):54-67.

刘瑞花,马玉林.建设资源节约型社会综合评价指标体系研究[J].山东财政学院学报,2007(4):54-76.

吕惠进,卢建平.浙江省叶蜡石资源及其开发利用[J].矿业研究与开发,2005,3(25):1-4.

吕振福,冯安生.几种矿产资源综合利用率计算方法的探讨[J].矿产保护与利用,2014(2):6-8.

牛晋辉.资源节约型矿区评价指标体系及模型构建[C].中国可持续发展论坛论文集.中国可持续发展研究会,2008.

沈镭,刘晓洁.资源节约机理及中国资源节约战略[C].中国科学技术协会学会学术部会议论文集,2006.

孙维中.浅谈绿色矿山建设[J].煤炭工程,2006(4):60-71.

孙岩,陈建平,王训练,等.赤峰市金属矿山矿产资源节约与综合利用研究与建议[J].金属矿山,2010(3):166-170.

孙燕,刘和蜂,刘建明,等.有色金属尾矿的问题及处理现状[J].金属矿山,2009(6):10-15.

汤万金,高林,李详仪.矿区可持续发展指标体系与评价方法研究[J].系统工程理论与实践,1999(12):114-119.

田家华,牛建英.矿产资源开发环境影响评价的指标体系与方法[J].地质科技情报,1996,15(3):60-77.

王春兰.基于元数据统计报表灵活定制的设计[J].中国科技信息,2006(3):24-36.

王广成,闫旭建.矿区生态系统健康评价指标体系研究[J].煤炭学报,2005,30(4):534-538.

王丽,左其亭,高军省.资源节约型社会的内涵及评价指标体系研究[J].地理科学进展,2007,26(4):86-92.

王文峰,宋志敏,秦勇.淮北宿县矿区煤层气地质评价[J].煤田地质与勘探,2002,30(3):29-33.

王志宏.矿产资源竞争力及其影响因素分析[J].辽宁工程技术大学学报(社会科学版),2000,2(3):35-38.

温宗国,李蕾.环境友好城市指标体系及其标杆管理[J].环境保护,2007(22):16-38.

吴小缓,王文利,于延棠,等.非金属矿产资源节约与综合利用技术进展[J].中国非金属矿工业导刊,2011(06):1-10.

肖思思,黄贤金,濮励杰,等.资源节约型社会发展综合评价指标体系及其应用——以江苏省为例[J].经济地理,2008(1):110-125.

徐强.可持续发展下矿产资源开发若干战略选择[J].中国地质矿产经济,1996(7):29-31.

许大纯,闫卫东,鲍荣华,等.我国矿产资源节约集约利用评价指标研究[J].矿产保护与利用,2016(2):1-10.

许风林,徐传云.浙江省叶腊石开发利用发展方向[J].中国非金属矿工业导刊,2007(5):15-28.

杨艺华.我国矿产资源开发利用中的现实问题与对策探讨[J].国土资源科技管理,

2005(4):66-70.

翟兴昌.矿产资源综合利用的评价指标[J].中国科技信息,2005(24):179.

张崇欣,宋奇文,马剑.基于AHP的中国煤炭资源开发利用现状分析[J].煤矿现代化, 2010(5):5-10.

张春玲.矿产资源评价理论与方法评述[J].中国新技术新产品,2010(17):131.

张洪梅,潘锦华,王宗和,等.量化评价主要矿产资源利用水平——以辽宁省铁矿为例 [J].地质与资源,2011(4):295-319.

张良强,雷德森,刘香旭.福建省资源节约型社会建设的绩效评价与对策[J].福州大学 学报(哲学社会科学版),2008(6):52-72.

张淑琴,张东光.山东省资源节约型社会评价指标体系构建及综合评价研究[J].科学 与管理,2007(3):33-55.

张万红,陈振斌.基于层次分析法的和谐矿区评价体系研究[J].中国矿业大学报, 2007,6(36):847-852.

张向阳,庄佩君.基于资源节约的企业评价指标体系探讨[J].中国水运(学术版), 2006(9):214-226.

张新端,郑泽根.环境友好型城市环境指标体系研究[J].环境科学与管理,2007 (9):50-66.

赵明华,李桂香.资源节约型社会评价指标体系的构建[J].资源开发与市场,2007 (8):706-718.

赵艳君.赤峰市矿产资源循环利用及可持续发展对策简论[J].赤峰学院学报(自然科 学版),2009(25):26-35.

周爱民,范雪强.有色矿产资源综合评价指标体系研究[J].采矿技术,2006(1):1-3.

周科平.矿产资源综合开发利用评价的一种新的多目标决策法[J].中国矿业,1996,6 (1):63-67.

周晓山,吕欣,吕广忠.矿区资源可持续发展评价指标体系的构建[J].矿业经济与管 理,2006(5):46-50.

朱国平.长兴县非金属矿资源开发利用与保护规划研究[J].非金属矿,2003,5 (26):46-48.

朱洪.湖南省重要矿产资源"三率"调查与评价[J].国土资源导刊,2015,1 (12):60-70.

Ahsein G B. Net national product as an indicator of sustainability[J]. Scandinavian Journal of Economics,1994(96):257-265.

Gastaldo S. Models of sustainable development[J]. Public Econom,1996(57):369-391.

Holland L. The role of expert working parties in the successful design and implementation of sustainability indicators[J]. European Environment,1997,7(2):39-45.

Jeffcote M. Sustainable development indicators-who needs them[J]. Local Enviroment News,1997,3(10):9-11.

Krautkraemer J A. Nonrenewable resource scarcity[J]. Journal of Economic Literature,1998(36):2065-2107.

Tilton J E,Landsberg H H. Innovation, productivity growth, and the survival of the U. S. copper industry[J]. Productivity in Natural Resource Industries. R. D. Simpson. Washington D C,Resources for the Future,1999:109-139.

Van Hoek RI. Case studies of greening the automotive supply chain through technology and operations[J]. International Journal of Environmental Technology and Management,2008,1(1/2):140-163.